TRAINING 2018
Hauptschulabschluss

Lösungen

Deutsch 10. Klasse

Nordrhein-Westfalen

2017

STARK

Inhalt

Lösungen: Original-Prüfungsaufgaben

Zentrale Prüfung 2017

Jeweils zu Beginn des neuen Schuljahres erscheinen der aktuelle Band
„Training Hauptschulabschluss" und das zugehörige Lösungsheft.

Autoren der Lösungsvorschläge:
Marion von der Kammer (Training und Übungsaufgaben)
Frank Gerstenberg (Original-Prüfungsaufgaben)

Vorwort

Liebe Schülerin, lieber Schüler,

dieses Buch enthält die Lösungen zum Band *Training Hauptschulabschluss 2018 Deutsch 10. Klasse Hauptschule Typ A/Gesamtschule GK Nordrhein-Westfalen* im A4-Format (Best.-Nr. 53540 oder 53540ML). Es enthält ausführliche und kommentierte Lösungen zu den Trainingsaufgaben, den Übungsaufgaben im Stil der zentralen Prüfung und zu den Original-Prüfungsaufgaben des Jahrgangs 2017.

Die Lösungen ermöglichen es dir, deine Leistung einzuschätzen. Es handelt sich um **Lösungsvorschläge**, die dir zeigen, wie man die Aufgaben richtig und umfassend beantworten kann. Das heißt, dass – außer bei den geschlossenen Aufgaben – auch andere Lösungen als die hier abgedruckten möglich sind. Die Lösungen sind manchmal recht ausführlich und geben dir Anregungen, was du alles schreiben könntest. Das bedeutet nicht, dass deine Antworten auch immer so lang sein müssen. Wichtig ist, dass du die Hinweise beachtest, die in der Aufgabenstellung genannt sind, und alles **vollständig** und **richtig** bearbeitest.

Außerdem gilt: Versuche stets, die Aufgabe zunächst **selbstständig** zu lösen, und sieh nicht gleich in der Lösung nach. Wenn du nicht weiterkommst, helfen dir die grau markierten **/ Hinweise und Tipps** vor der jeweiligen Lösung. Hast du diese gelesen, arbeitest du auf jeden Fall selbstständig weiter. Erst zum Schluss solltest du deine Lösung mit der hier angebotenen Lösung vergleichen. Kontrolliere deine eigenen Ergebnisse und korrigiere oder ergänze sie gegebenenfalls. Lies zu allen Aufgaben, die du nicht richtig lösen konntest oder bei denen du dir unsicher warst, noch einmal die allgemeinen Erläuterungen in dem entsprechenden Kapitel im A4-Trainingsband.

Viel Spaß beim Üben und vor allem viel Erfolg in der Prüfung!

▶ **Lösungen**
Training Grundwissen

Lesekompetenz

Übung 1

1. a) Textsorte: Bericht

   b) Thema: Lesefähigkeit von Jugendlichen

   c) Überblick über den Inhalt: Laut einer Studie haben fast 20 % der Jugendlichen Schwierigkeiten beim Lesen. Besonders betroffen sind Jungen und Migranten.

2. a) **Fast jeder fünfte Jugendliche hat Probleme beim Lesen**

   1 Nahezu 20 Prozent der Neuntklässler in Deutschland haben Schwierigkeiten beim Lesen. Besonders betroffen seien Jungs und Migranten – das ist das Ergebnis einer von der Europäischen Kom-
   5 mission in Auftrag gegebenen Studie.

   „Einer von fünf Schülern in Europa kann mit 15 Jahren nicht richtig lesen, dazu kommen viele Erwachsene", sagte EU-Bildungskommissarin Androulla Vassiliou in Brüssel. Zwar zeige die
   10 von der Europäischen Kommission in Auftrag gegebene neue Eurydice-Studie, dass viele Länder Fortschritte gemacht haben, darunter Deutschland. Häufig seien Lernprogramme aber nicht ausreichend auf Problemgruppen ausgerichtet, etwa
   15 auf Jungen oder auf Kinder von Migranten.

   So gebe es in nur acht Ländern Fachkräfte für Leseförderung an den Schulen. In Großbritannien, Irland, Malta und den fünf nordischen Staaten unterstützen diese Fachkräfte Lehrer, indem
   20 sie Nachhilfestunden für Kinder mit Leseschwächen anbieten. In Deutschland hänge es dagegen vor allem von der Eigeninitiative der Lehrer ab, ob und wie lernbedürftige Schüler neben dem regulären Deutschunterricht gefördert würden.
   25 In Deutschland tun sich 18,5 Prozent der 15-Jährigen schwer beim Lesen. Im EU-Vergleich landen die Schüler in der Bundesrepublik damit zwar im guten Mittelfeld. Das EU-weite Ziel, den

   Neuntklässler: 20 % haben Probleme beim Lesen (Ergebnis einer Studie) Besonders betroffen: Jungen und Migranten

   EU-Bildungskommissarin: Laut Eurydice-Studie leichte Fortschritte auch in Deutschland Aber: Lernprogramme nicht genügend auf Problemgruppen ausgerichtet

   Unterstützung durch Fachkräfte nur in acht Ländern

   Deutschland: Förderung abhängig von Eigeninitiative der Lehrer

   Deutschland: 18,5 % der Jugendlichen betroffen → im Mittelfeld

Anteil an Schülern, die nicht richtig lesen können, bis 2020 auf 15 Prozent zu senken, ist damit aber
30 noch nicht erreicht. Polen, Finnland und Dänemark gehören zu den Ländern, die das bereits geschafft haben. Besonders schlecht schneiden dagegen Rumänien und Bulgarien ab, wo sich rund
35 40 Prozent der Schüler beim Lesen schwertun.

Ziel: Senkung auf 15 %.
Polen, Finnland, Dänemark
Ziel erreicht;
besonders schlecht:
Rumänien, Bulgarien 40 %

Quelle: Holger Heimann, 14.07.2011; http://www.boersenblatt.net/449567/

b)

Sinnabschnitt	Zwischenüberschrift
Z. 1– Z. 5	Ergebnisse einer Studie der Europäischen Kommission
Z. 6 – Z. 15	Kommentar der EU-Bildungskommissarin
Z. 16 – Z. 24	Unterschiedliche Fördermaßnahmen in einzelnen Ländern
Z. 25 – Z. 28	Deutschland im Mittelfeld
Z. 28 – Z. 35	Die Situation in einigen anderen Ländern

Übung 2

1. Eurydice-Studie
   Aufgabenart: Geschlossene Frage

2. Der Anteil beträgt ...
   a) ☐ etwas über 10 Prozent.
   b) ☐ fast 30 Prozent.
   c) ☐ über 20 Prozent.
   d) ☒ knapp 20 Prozent.
   Aufgabenart: Multiple-Choice-Aufgabe

3.

Nummer	Aussage
5	Schlusslicht bilden Rumänien und Bulgarien.
2	Die Lesefähigkeit der Schüler hat sich in einigen Ländern gebessert.
3	Einige Länder setzen Fachkräfte ein, um Schülern mit Leseschwierigkeiten zu helfen.
1	Laut einer Studie beträgt der Anteil der Jugendlichen mit Leseschwierigkeiten 20 Prozent.
4	Die deutschen Schüler liegen mit ihren Leistungen im guten Mittelfeld.

Aufgabenart: Umordnungsaufgabe

4.

Land	Aussage
D	40 Prozent der Schüler haben Schwierigkeiten mit dem Lesen.
B, E	Der Anteil der Schüler, die Schwierigkeiten mit dem Lesen haben, ist auf 15 Prozent gesunken.
A	Bezogen auf die Lesefähigkeit der Schüler liegt dieses Land im guten Mittelfeld.
C, E	Fachkräfte erteilen Nachhilfeunterricht für Schüler mit Leseschwäche.
A	Es hängt von der Eigeninitiative der Lehrer ab, ob Schüler mit Leseschwäche gezielt gefördert werden.

Aufgabenart: Zuordnungsaufgabe

	trifft zu	trifft nicht zu
5. a) In Deutschland gibt es in den Schulen Fachkräfte, die Schülern mit Leseschwäche Nachhilfe geben.	☐	☒
b) Unter den Schülern mit Leseschwäche sind besonders viele Jungen.	☒	☐
c) Schüler mit Leseschwäche werden in Deutschland nicht immer richtig gefördert.	☒	☐
d) Es gibt auch Erwachsene, die Schwierigkeiten mit dem Lesen haben.	☒	☐
e) Es gibt genügend Lernprogramme, die genau auf bestimmte Problemgruppen ausgerichtet sind.	☐	☒

Aufgabenart: Richtig-/Falsch-Aufgabe

✐ **Hinweis:** Es geht nicht darum, was du weißt, sondern um das, was im Text steht.

Übung 3

1. Bei dem Text handelt es sich um …

   a) ☐ eine Erzählung.

   b) ☐ einen Bericht.

   c) ☐ einen Kommentar.

   d) ☒ eine Reportage.

2. Analphabetismus

3.

Nummer	Station in Jennifers Leben
4	Ausbildung zur Einzelhandelskauffrau
2	Besuch der Förderschule
6	Arbeit als Zeitarbeiterin am Fließband
3	Abschluss der Schulbildung mit dem Hauptschulabschluss
7	Fassen eines Vorsatzes: Informationen einholen
5	Abschluss der Berufsausbildung
1	Besuch der Grundschule

4.
a) ☐ Jennifer ist aus dem Klassenraum gerannt.
b) ☒ Sie hat noch einmal versucht vorzulesen.
c) ☐ Sie ist auf dem Stuhl hin- und hergerutscht.
d) ☐ Die Mitschüler haben sich wieder über sie lustig gemacht.

5. Sie hat …
a) ☐ Unterstützung von Kollegen bekommen.
b) ☐ mithilfe ihrer besten Freundin lesen gelernt.
c) ☒ die nötigen Kenntnisse auswendig gelernt.
d) ☐ nebenbei an einem Förderkurs teilgenommen.

6. richtig lesen und schreiben können

7. Jennifer …
a) ☒ hat sich die ganze Zeit bemüht und angestrengt.
b) ☐ hat während ihrer Ausbildungszeit viel gegessen.
c) ☐ war ihren Kollegen gegenüber aggressiv.
d) ☐ hat sich immer die einfachsten Aufgaben ausgesucht.

8.

	trifft zu	trifft nicht zu
a) Es gibt in Deutschland über 5 Millionen Analphabeten.	☒	☐
b) Nur 20 000 Analphabeten lassen sich helfen.	☒	☐
c) Analphabeten bekennen sich zu ihrer Schwäche.	☐	☒
d) Analphabeten können besonders gut auswendig lernen.	☐	☒
e) Analphabetismus kann verschiedene Ursachen haben.	☒	☐

f) Eine Beratungs-Hotline bietet Analphabeten Hilfe an.   **X** ☐

g) Analphabeten werden nie richtig lesen können.   ☐ **X**

9. Analphabeten wollen es vermeiden, …

   a) ☐ lesen zu lernen.

   b) **X** ihre Leseschwäche einzugestehen.

   c) ☐ eine Arbeit anzunehmen.

   d) ☐ ihre Wohnung zu verlassen.

10. Brille vergessen, schlechtes Licht, Arm verletzt

11.

Art	Merkmal
C	Die Lese- und Schreibkenntnisse einer Person liegen unter dem Durchschnitt der Gesellschaft.
A	Jemand hat in seinem ganzen Leben nie lesen und schreiben gelernt.
B	Aufgrund mangelnder Übung hat jemand das Lesen wieder verlernt.

12. Es gibt 7,5 Millionen.

Übung 4

1. Es ist erstaunlich, weil sie nicht richtig lesen und schreiben kann.

2. Sie lernte alles auswendig, was sie wissen musste. Dadurch brauchte sie nicht zu lesen.

3. Sie bestellt immer Pizza Margherita, damit sie die Speisekarte nicht lesen muss.

4. Am Fließband fühlt sie sich sicher, weil sich alles ständig wiederholt.

5. Alles läuft immer genau gleich ab. Dadurch kommt Jennifer gut ohne Lesen und Schreiben zurecht. Das stärkt ihr Selbstbewusstsein.

6. Sie will nicht mehr so tun, als könne sie lesen, sondern zu ihrer Leseschwäche stehen.

7. Man spricht nicht darüber.

Übung 5

Absicht	Der Verfasser ...
C	erzählt sehr anschaulich und lebendig von seinen Erlebnissen während einer Reise in die Türkei.
A	teilt dem Leser mit, dass es am frühen Morgen bei dichtem Nebel auf der Autobahn A10 zu einer Massenkarambolage gekommen ist.
E	erklärt dem Leser, wie er vorgehen muss, um bei seinem neuen Fernseher die einzelnen Sender zu programmieren.
D	kritisiert, dass es immer wieder Zugausfälle im S-Bahn-Verkehr gibt.
B	rät dem Leser, in der kalten Jahreszeit auf angemessene Kleidung zu achten.

Übung 6

Die Darstellung ...	Bericht	Reportage	Interview	Kommentar	Glosse
a) wirkt anschaulich.		X			
b) wirkt sachlich und neutral.	X				
c) wirkt humorvoll.					X
d) wirkt kritisch.				X	X
e) wirkt übertrieben.					X
f) zeigt die Meinung des Autors.				X	X
g) erfolgt meist im Präteritum.	X				
h) erfolgt in der Regel im Präsens.		X	X	X	
i) strebt auf einen überraschenden Wendepunkt zu.					X
j) entspricht der eines Dialogs.			X		
k) bezieht sich auf Einzelfälle, aber auch auf Grundsätzliches.		X			
l) enthält auch Umgangssprache.			X		

Übung 7

Text A
Textsorte: Bericht
Merkmale: sachliche und neutrale Darstellung im Präteritum

Text B
Textsorte: Interview
Merkmale: Darstellung in Dialogform; enthält auch Umgangssprache

Text C
Textsorte: Reportage
Merkmale: Darstellung im Präsens; wirkt anschaulich, da sowohl Einzelfälle als auch Grundsätzliches berichtet wird

Text D
Textsorte: Glosse
Merkmale: Darstellung humorvoll; wirkt übertrieben; strebt auf überraschenden Wendepunkt zu

Text E
Textsorte: Kommentar
Merkmale: Text zeigt Meinung des Autors; Darstellung im Präsens

Übung 8

1. Mediennutzung von Jugendlichen

2. alle Befragten, also Jugendliche im Alter von 12 bis 19 Jahren

3. Die Zahlen stammen aus dem Jahr 2016.

4. a) ☐ Unterhaltung
   b) ☐ Kommunikation
   c) ☐ Spiele
   d) ☒ Informationssuche

5. 95 Prozent aller Befragten nutzten im Jahr 2016 täglich oder mehrmals pro Woche WhatsApp zur Kommunikation. Nur 4 Prozent waren regelmäßig auf Tumblr und Pinterest aktiv.

6. a) ☒ Der Anteil der Smartphone-Besitzer ist von 2013 auf 2014 um 16 Prozentpunkte gestiegen.

   b) ☐ Die Anzahl der Smartphone-Besitzer war im Jahr 2015 niedriger, als die der Computer-/Laptop-Besitzer.

   c) ☐ Über 90 Prozent aller Befragten besaßen im Jahr 2016 einen Laptop oder Computer.

   d) ☒ Die Anzahl der Computer-/Laptop-Besitzer sank in den letzten Jahren.

7. Im Bereich der Spiele weichen die Werte von Jungen und Mädchen am stärksten voneinander ab. 28 Prozent der Jungen nutzen das Internet zum Spielen, jedoch nur 10 Prozent der Mädchen. Die Werte weichen also um 18 Prozentpunkte voneinander ab.

8. In **keinem** der Texte steht, dass ...

   a) ☐ unter den befragten Jugendlichen die Nutzung von Snapchat in einem Jahr um 14 Prozentpunkte zugenommen hat.

   b) ☐ 28 Prozent der befragten Jungen und 10 Prozent der befragten Mädchen das Internet zum Spielen nutzen.

   c) ☒ über 80 Prozent aller 14- bis 15-Jährigen eine Internetflatrate auf dem Handy haben.

   d) ☐ 11 Prozent aller Mädchen bei widersprüchlicher Berichterstattung am ehesten auf das Internet vertrauen würden.

9.

Text	Informationen
B	Die Anzahl der Jugendlichen, die eine Internetflatrate auf dem Handy haben, steigt mit zunehmendem Alter.
A	Mädchen nutzen das Internet hauptsächlich zur Kommunikation und zur Unterhaltung.
E	Die Zahl der Jugendlichen, die einen eigenen Computer oder Laptop haben, ist in den letzten Jahren zurückgegangen.
C	Die meisten Jugendlichen vertrauen bei widersprüchlicher Bericht-erstattung am ehesten auf Tageszeitungen.
D	WhatsApp ist unter Jugendlichen das beliebteste Kommunikationsmittel im Internet.

E	Die Zahl der Jugendlichen, die ein Smartphone besitzen, ist in den letzten Jahren gestiegen.
D	51 Prozent aller befragten Jugendlichen nutzten im Jahr 2016 täglich oder mehrmals pro Woche Instagram.

Übung 9

1. Die Hauptperson ist ...
   a) ☐ ein Junge.
   b) ☐ ein Mann.
   c) ☐ der Autor.
   d) ☒ der Erzähler.

2. a) im Zug
   b) während der Fahrt
   c) 5 bis 10 Minuten

3. a) Die meisten Fahrgäste beschäftigen sich mit etwas.
   b) Sie liest und wird dabei durch das Handyläuten gestört.
   c) Sie holt ihr Handy aus der Tasche und telefoniert laut und fröhlich.

4. Die Hauptperson ...
   a) ☐ wundert sich.
   b) ☒ ärgert sich.
   c) ☐ amüsiert sich.
   d) ☐ freut sich.

5. Am Ende freuen sich die Fahrgäste, weil sie mitbekommen haben, dass in der Nacht ein Kind geboren wurde.

Übung 10

1. Bahnfahrer, die mit dem Handy telefonieren, stören die anderen Fahrgäste.

2. Sie möchte in Ruhe lesen.

3. Sie befürchtet, mit anhören zu müssen, wie der Mann mit dem Handy ein Gespräch über belanglose Dinge führt.

4. Durch das freudige Ereignis ist der junge Mann so aufgeregt, dass er lauter als nötig spricht.

5. Die Information über die Geburt des Kindes und die Begeisterung der zweiten Person darüber lösen bei der Hauptperson Rührung aus.

Übung 11

Textsorte	Merkmal
H	Die Hauptperson macht eine Entwicklung durch.
F	Es gibt keine Vor- und Rückblenden.
G	Es wird davon erzählt, wie eine Person hereingelegt wird.
C	Die Hauptpersonen sind einfache Leute.
H	Die Handlung erstreckt sich meist über einen längeren Zeitraum.
A	Erzählt wird von einer ungewöhnlichen Begebenheit aus dem Leben einer Person.
E	Die Handlung ist stark vereinfacht dargestellt.
B	Die Hauptpersonen sind oft Tiere, die sprechen können.
D	Die Sprache klingt einfach und modern.
F	Im Mittelpunkt steht ein außergewöhnliches Ereignis.
D	Es gibt weder eine richtige Einleitung noch einen richtigen Schluss.
E	Man muss Parallelen zwischen der im Text dargestellten Handlung und der normalen Gesellschaft herstellen.

Übung 12

Text A
Textsorte: Schwank
Merkmale: lustige Geschichte; jemandem wird ein Streich gespielt

Text B
Textsorte: Kalendergeschichte
Merkmale: einfache Leute als Hauptpersonen; Geschichte aus dem Alltagsleben; dadurch, dass der Vater sich dumm verhält, wirkt die Geschichte lustig

Text C

Textsorte: Anekdote

Merkmale: Geschichte aus dem Leben Goethes, Ausgang überraschend

Text D

Textsorte: Kurzgeschichte

Merkmale: Einleitung fehlt; einfache, moderne Sprache; Geschichte aus dem Alltag ganz normaler Menschen

Übung 13

1. Der Erzähler ist ...

   a) ☐ eine Person, die am Geschehen beteiligt ist und es aus ihrer eigenen Sicht erzählt.

   b) ☒ eine Person, die das Geschehen von außen beobachtet und darstellt.

2.

Sinnabschnitt	Zwischenüberschrift
Z. 1–Z. 4	Lebensmotto des Vaters
Z. 5–Z. 12	Die Lebensgeschichte von Meier senior
Z. 13–Z. 14	Meier junior fasst einen Entschluss
Z. 15–Z. 23	Probleme bei der Umsetzung des Entschlusses
Z. 24–Z. 28	Lebensmotto des Sohnes

3. a) ☐ Es werden überwiegend kurze Hauptsätze unverbunden aneinandergereiht. Deshalb wirkt der Satzbau sehr sachlich und kühl.

   b) ☒ Aufeinanderfolgende Hauptsätze sind häufig miteinander verbunden. Deshalb wirkt der Satzbau zwar sachlich, aber nicht so kühl.

   c) ☐ Der Text besteht hauptsächlich aus Haupt- und Nebensätzen, die miteinander verknüpft sind. Deshalb wirkt der Satzbau harmonisch.

	positive Vorstellung	negative Vorstellung
4. a) „tagtäglich" (Z. 2)	☐	☒
„Reich und immer reicher" (Z. 9/10)	☒	☐
„jede Menge Zeit" (Z. 22/23)	☒	☐
„Morgenmuffel" (Z. 17)	☐	☒
„kein bisschen Zeit" (Z. 7)	☐	☒

b) ☐ Es überwiegen positive Wörter.

☐ Es überwiegen negative Wörter.

☒ Die Verteilung ist annähernd ausgewogen.

5. Zeit, Geld

6. Mit den Morgenworten sind die Worte gemeint, die der Vater allmorgendlich gesagt und zu seinem Lebensmotto gemacht hat: „Zeit ist Geld!" (Z. 1). Entsprechend diesem Lebensmotto hat der Vater immer sehr viel Zeit mit Arbeit verbracht, nur um Geld zu verdienen. Der Sohn hat diese Worte nach dem Tod seines Vaters genau umgekehrt, nämlich so: „Geld ist Zeit!" (Z. 21). Daraufhin hat er seine Lebensweise völlig geändert: Mit dem Geld seines Vaters macht er sich nun eine schöne Zeit.

Übung 14

1. Kurzgeschichte

2.

Sinnabschnitt	Zwischenüberschrift
1. Z. 1–16	Der Auftrag des Vaters an seinen Sohn
2. Z. 17–24	Die Ausführung des Auftrags durch den Sohn
3. Z. 25–40	Die Reaktion des Vaters
4. Z. 41–48	Die Reaktion des ersten Freundes
5. Z. 49–62	Die Reaktion des zweiten Freundes
6. Z. 63–75	Die Reaktion des dritten Freundes
7. Z. 76–86	Die Folgen des Erlebnisses für Vater und Sohn

3. a) Art des Erzählers: Ich-Erzähler

   b) Seine Rolle gegenüber anderen Personen: Gastgeber, Vater von zwei Kindern

4. Er hat ihm die Aufgabe gegeben, den Kuchen, den er seinen Gästen anbieten will, auf einen Kuchenteller zu legen.

5. Der Vater hat drei Freunde zu Kaffee und Kuchen eingeladen. Während er sie begrüßt, soll der Sohn schon einmal den Kuchen auf den Teller legen.

6. a) Der Kartoffelkuchenturm ist noch schiefer als der schiefe Turm zu Pisa.

   b) Der Vater hat sehr laut geschimpft.

7. Der Erzähler ...

	trifft zu	trifft nicht zu
a) macht seinem Ärger Luft.	X	
b) sieht Schwarz für die Zukunft seines Sohnes.	X	
c) äußert sein Erstaunen.		X
d) zweifelt am Verstand seines Sohnes.	X	
e) zweifelt an seinem eigenen Verstand.		X

8.

Beruf	Der Sohn ...
E	ist gehorsam.
C, D	hat einen guten Gleichgewichtssinn.
B	hat Mut zu Neuem.
E	führt auch unsinnige Befehle aus.
A, B	hat kreative Ausdauer.
E	gibt die Dummheit von Vorgesetzten auf kluge Art zu erkennen.

9. ☐ Der Freund findet es erstrebenswert, in der Armee zu dienen.

   X Der Freund findet es schlimm, in der Armee zu dienen.

   Begründung: Er glaubt, dass es dort nur Vorgesetzte gibt, die den Soldaten unsinnige Befehle erteilen. Es ist schlimm, wenn man einen unsinnigen Befehl ausführen muss.

10. Er ist der Meinung, er würde es dort mit Vorgesetzten zu tun bekommen, die wie sein Vater sind und nur unsinnige Befehle erteilen.

11. Der Erzähler ...

                                                                trifft
                                                       trifft zu nicht zu

a) fürchtet, der Sohn könnte die Vorschläge ernst nehmen. ☒ ☐

b) glaubt, seine Freunde haben sich missverständlich ausgedrückt. ☐ ☒

c) denkt, der Sohn könnte hochmütig werden. ☐ ☒

d) nimmt an, dass der Sohn einiges verstanden hat. ☒ ☐

e) ist mit den Vorschlägen der Freunde nicht einverstanden. ☒ ☐

f) findet einige ihrer Begründungen falsch. ☐ ☒

g) fühlt sich in seiner Autorität infrage gestellt. ☒ ☐

12. Der Gegensatz besteht zwischen der Hoffnung des Vaters und den Worten, die der Sohn mit seiner Schwester spricht. Der Vater hat gehofft, sein Sohn würde von dem, was seine Freunde sagen, fast nichts verstehen. Die Worte, die der Sohn zu seiner Schwester spricht, zeigen aber, dass er alles sehr gut verstanden hat.

13. a) Erster Freund: „erstaunliches Gefühl für Balance" (Z. 46/47)

b) Zweiter Freund: „Mut zum Niegesehenen" (Z. 58/59) oder: „schöpferische Ausdauer" (Z. 60/61)

c) Dritter Freund: „ein richtiger oder ein genialer Soldat" (Z. 63/64) oder: „kann zum Segen der Truppe werden" (Z. 75)

14. a) ☐ Hauptsätze werden ohne Konjunktionen aneinandergereiht.

b) ☐ Hauptsätze werden durch Konjunktionen miteinander verbunden.

c) ☒ Haupt- und Nebensätze werden miteinander verknüpft.

d) ☐ Haupt- und Nebensätze werden ohne Konjunktion aneinandergereiht.

15. Der Satzbau wirkt ...

a) ☐ sachlich und kühl.

b) ☐ sachlich und ruhig.

c) ☒ lebendig und harmonisch.

d) ☐ hastig und gedrängt.

16. In der Überschrift werden die Berufe genannt, die der Sohn für sich in Betracht gezogen hat, nachdem die Besucher Vermutungen zu seinen herausragenden Fähigkeiten angestellt haben. Indirekt drückt die Überschrift damit aus, dass der Sohn seinem Vater überlegen ist, indem er dessen unsinnigen Befehl ausgeführt hat. So hat er gezeigt, was für vielfältige Begabungen in ihm stecken.

17. Die Botschaft des Textes könnte so lauten:

a) ☐ Erwachsene sollten Kinder nicht kritisieren.

b) ☒ Erwachsene sollten Kinder ernst nehmen.

c) ☐ Kinder können noch nicht jede Aufgabe erledigen.

d) ☐ Kinder sind in der Regel schlauer als Erwachsene.

Begründung: Der Vater hat seinem Sohn einen unsinnigen Befehl erteilt. Der Befehl ist deshalb unsinnig, weil er so formuliert gewesen ist, dass man ihn gar nicht ausführen kann. Der Sohn hat aber genau das geschafft und dem Vater damit eine Lehre erteilt.

Übung 15

Anzahl der Strophen: 2
Verse je Strophe: 4

Übung 16

1. lyrisches Ich

2. Der Sprecher richtet seine Worte an …

a) ☐ ein Gegenüber.

b) ☐ mehrere Personen.

c) ☐ sich selbst.

d) ☒ keine bestimmte Person.

Übung 17

	reiner Reim	unreiner Reim
1. a) Höhen – gehen	☐	✗
b) lieber – über	☐	✗
c) wissen – vermissen	✗	☐
d) Falle – alle	✗	☐
e) wissen – küssen	☐	✗
f) Wut – Mut	✗	☐
g) teuer – Eier	☐	✗

2. schickte – pflückte (unreiner Reim); sachte – lachte (reiner Reim)

3. *Reimschema:* Kreuzreim

4. *Reimschema:* Paarreim

Übung 18

1.

	Wortsilben	Betonung
ankommen	an | kom | men	× – –
Papier	Pa | pier	– ×
Elefant	E | le | fant	– – ×
Wahrheit	Wahr | heit	× –
Wundermittel	Wun | der | mit | tel	× – × –
Fantasie	Fan | ta | sie	– – ×
Großmutter	Groß | mut | ter	× – –

2. a) Wilhelm Busch:
Der Sack und die Mäuse
– × – × – × – ×
Ein dicker Sack voll Weizen stand
– × – × – × – ×
Auf einem Speicher an der Wand.
– × – × – × – ×
Da kam das schlaue Volk der Mäuse
– × – × – × – × –
Und pfiff ihn an in dieser Weise

Versmaß: Jambus

b) Christian Friedrich Hebbel:
Lustig tritt ein schöner Knabe ...
× – × – × – × –
Lustig tritt ein schöner Knabe
× – × – × – ×
In die Abendschenke ein,
× – × – × – × –
Und sogleich zur kühlen Labe
× – × – × – ×
Bringt die Kellnerin den Wein.

Versmaß: Trochäus

c) Friedrich von Schiller:
Würde der Frauen
× _ _ × _ _ × _ _ × _
Ehret die Frauen! sie flechten und weben
× _ _ × _ _ ×_ _ × _
Himmlische Rosen ins irdische Leben,
× _ _ × _ _ × _ _ ×
Flechten der Liebe beglückendes Band

Versmaß: Daktylus

d) Friedrich von Schiller:
Der Taucher
_ _ × _ _ × _ _ × _ _ ×
Und es wallet und siedet und brauset und zischt,
_ _ × _ _ × _ _ ×
Wie wenn Wasser mit Feuer sich mengt

Versmaß: Anapäst

Übung 19

	positiv	negativ	
a) „Lustig tritt ein schöner Knabe"	☒	☐	klar, fröhlich
b) „Und es wallet und siedet und brauset und zischt"	☐	☒	bedrohlich
c) „Ein dicker Sack voll Weizen stand"	☒	☐	ruhig
d) „Ehret die Frauen! sie flechten und weben"	☒	☐	beschwingt

Übung 20

	bildhafter Vergleich	Metapher
a) Die Rose leuchtet so rot, als würde sie bluten.	☒	☐
b) Jetzt kannst du die Früchte deiner Arbeit ernten.	☐	☒
c) Du bist ein Schatz!	☐	☒
d) Sein Gesicht sieht aus wie ein Streuselkuchen.	☒	☐
e) Sie ist treu wie Gold.	☒	☐
f) Er ist ein Fels in der Brandung.	☐	☒

Übung 21

		trifft zu	trifft nicht zu
1.	a) Verse	☒	☐
	b) Strophen	☒	☐
	c) Reime	☐	☒
	d) festes Versmaß	☐	☒

🖋 **Hinweis:** *Auch eine einzige Strophe ist eine Strophe!*

2. Die Verneinung „**nicht**" bezieht sich auf Menschen, die wollen, dass **die Welt so bleibt, wie sie ist.**
Gesagt wird, dass sie **nicht** wollen, dass **die Welt überhaupt bleibt**.

Übung 22

1. Thema des Gedichts ist ...

   a) ☐ die Gestaltung eines Gartens.

   b) ☐ ein Waldspaziergang.

   c) ☒ die Freude an einer Blume.

   d) ☐ die Heimkehr eines Spaziergängers.

2. lyrisches Ich

3. Der Sprecher richtet seine Worte an ...

   a) ☐ eine schöne Blume.

   b) ☐ den Wald.

   c) ☒ keine bestimmte Person.

   d) ☐ alle seine Leser.

4. a) bildhafter Vergleich: „[...] Ein Blümlein [...], Wie Sterne blinkend, Wie Äuglein schön." (V. 6–8)

   b) Personifikation: „Da sagt' es fein" (V. 10)

5. Das „Blümlein" steht symbolisch für die Geliebte.

   / **Hinweis:** *Dass die Geliebte gemeint ist, erkennst du an den Sprachbildern, z. B. an dem bildhaften Vergleich „wie Äuglein schön" (V. 8). Der lyrische Sprecher spielt damit auf die Schönheit der Geliebten an.*

6. a) ☐ Es kostet Mühe, das, was man liebt, richtig zu pflegen.

   b) ☐ Man sollte bei einem Spaziergang immer eine Schaufel dabei haben.

   c) ☐ In einem Garten gedeihen Blumen am besten.

   d) ☒ Man muss dem, den man liebt, die gewohnte Lebensweise lassen.

7. a) Rot: Blümlein; Sterne blinkend; Äuglein schön; fein; hübschen Haus; zweigt und blüht es
   Schwarz: Schatten, brechen, Welken, Gebrochen

   b) ☐ Strophe 1
   ☒ Strophe 2 und 3
   ☐ Strophe 4 und 5

   c) In den letzten beiden Strophen überwiegen Wörter, mit denen man etwas Schönes verbindet. Daraus lässt sich schließen, dass das Gedicht harmonisch endet.

8. a) Anzahl der Strophen: 5

   b) Anzahl der Verse je Strophe: 4

9. a) ☐ Trochäus

   b) ☒ Jambus

   c) ☐ Daktylus

   d) ☐ Anapäst

10. ruhig und gelassen

11. abcb

	reiner Reim	unreiner Reim
12. a) hin – Sinn	☒	☐
b) stehn – schön	☐	☒
c) fein – sein	☒	☐
d) aus – Haus	☒	☐
e) Ort – fort	☒	☐

	reine Reime	unreine Reime	
13. a) 1. Strophe	☒	☐	C
b) 2. und 3. Strophe	☒	☒	A, D
c) 4. und 5. Strophe	☒	☐	B, E

Schreibkompetenz

Übung 23

1. a) Textsorte: Brief

   Merkmale: Briefkopf mit Angabe von Ort und Datum, persönliche Anrede des Empfängers, abschließender Gruß und Unterschrift

   ✒ **Hinweis:** *Da es sich um einen Brief des Onkels an seinen Neffen handelt, muss im Briefkopf nicht die vollständige Adresse stehen.*

   b) Schreiber: Onkel von Max Meier

   Ziel: will seinen Neffen zur Änderung seiner Lebensweise bewegen

   c) Leser: Max Meier, Neffe des Schreibers

   Vorwissen: Schreiber ist Onkel

   Meinung: findet sein neues Leben gut

   ✒ **Hinweis:** *Mehr als dass der Schreiber des Briefes sein Onkel ist, weiß Max Meier zu diesem Zeitpunkt noch nicht.*

2. bis 4.

   Ideen:

   - (Vater des Neffen gestorben)
   - Neffe hat seine Lebensweise geändert   1
   - neue Lebensweise problematisch !   2
   - wird bald sein ganzes Erbe verprasst haben   6
   - soll zur Vernunft kommen !   4
   - soll wieder seine Pflichten erfüllen   7
   - soll an seine Zukunft denken !   5
   - fragt nach Problemen des Neffen   3
   - bietet Hilfe und Unterstützung an   8

   ✒ **Hinweis:** *Dass der Vater des Neffen gestorben ist, ist eher nebensächlich, da es ja bekannt ist. Von der Reihenfolge her ist es sinnvoll, so vorzugehen:*

   Als Erstes nennt der Schreiber, also der Onkel, den Anlass seines Briefes: Er hat erfahren, dass der Neffe seine Lebensweise komplett geändert hat. Dies bereitet ihm Sorgen.

   Danach könnte er sich fragen, ob es möglicherweise Gründe dafür gibt, z. B. weil Max mit der Trauer um den Tod des Vaters nicht fertig wird.

   Anschließend sollte der Onkel seinem Neffen gut zureden und ihn dazu auffordern, wieder zur Vernunft zu kommen. Begründung: Neffe soll an die Zukunft denken, Erbe wird sonst bald verprasst sein.

   Danach appelliert der Onkel an seinen Neffen, wieder seine Pflichten zu erfüllen.

   Zum Schluss könnte er seinem Neffen seine Hilfe und Unterstützung anbieten.

5. Schreibplan:

Einleitung	• Hinweis auf Kenntnis über Änderung der Lebensführung • Ausdruck von Sorgen
Hauptteil	• Frage nach den möglichen Gründen (Probleme?) • Aufforderung, wieder zur Vernunft zu kommen • Neffe soll an seine Zukunft denken • Mahnung: Erbe sonst bald verprasst • Ausdrücklicher Appell an Neffen, wieder Pflichten zu erfüllen
Schluss	• Angebot: Bereitschaft zur Hilfe und Unterstützung

Übung 24

✏ **Hinweis:** *Nenne im Briefkopf zunächst Ort und Datum, danach erfolgt die für einen persönlichen Brief typische Anrede (Lieber Max, ...), und erst dann beginnst du mit dem eigentlichen Text. Dabei darfst du die einzelnen Stichpunkte aus deinem Schreibplan nicht einfach nur zu vollständigen Sätzen ausformulieren und aneinanderreihen, sondern du musst deine Darstellung auch noch ein wenig anreichern. Überlege, was der Onkel jeweils erläuternd hinzufügen könnte, um den Neffen mit seinen Aussagen zu überzeugen. Danach folgt der abschließende Gruß.*

Mönchengladbach, den ...   *Ort und Datum*

Lieber Max,   *Anrede*

Einleitung
mir ist zu Ohren gekommen, dass du deine Lebensweise nach dem Tod deines Vaters vollkommen geändert hast. Offenbar liegst du bis zum späten Vormittag im Bett und machst dir einfach einen bequemen Tag. Ehrlich gesagt: Das bereitet mir große Sorgen!
Anlass des Schreibens: Hinweis auf Kenntnis über Änderung der Lebensführung, Ausdruck von Sorgen

Hauptteil
Natürlich frage ich mich auch, ob es Gründe für diese drastische Veränderung gibt. So, wie ich dich bisher kenne, passt es gar nicht zu dir, dass du nur noch das tust, wozu du Lust hast, und nicht mehr zur Arbeit gehst. Kann es sein, dass dich der Tod deines Vaters so getroffen hat und du die Trauer noch nicht bewältigt hast?
Frage nach den möglichen Gründen

Ich rate dir dringend: Komme so schnell wie möglich wieder zur Vernunft! So kann es doch nicht weitergehen. Denke an deine Zukunft! Wenn du nicht wieder zu deiner alten Lebensweise zurückkehrst, wirst du noch im Elend landen. Irgendwann wirst du nämlich das Erbe deines Vaters ganz
Aufforderung, wieder zur Vernunft zu kommen, an die Zukunft zu denken

und gar verprasst haben. Wovon willst du dann leben? Im schlimmsten Fall endest du noch als Obdachloser auf der Straße.

Mahnung: Erbe sonst bald verprasst

Gib dir also einen Ruck und kehre zu deiner gewohnten Lebensweise zurück! Stehe morgens wieder pünktlich auf und erledige deine Pflichten! Das ist bestimmt besser für dich. Vielleicht lenkt es dich von der Trauer um deinen verstorbenen Vater ab. Er wird ja dadurch nicht wieder lebendig, dass du nur noch den Kopf in den Sand steckst und dich zu nichts mehr aufraffst. Außerdem wird es dir bestimmt bald langweilig, wenn du nur noch vor dem Fernseher sitzt oder durch Einkaufszentren schlenderst. Im Übrigen: Stell dir mal vor, was dein Vater dazu sagen würde! Er wäre entsetzt.

ausdrücklicher Appell, wieder Pflichten zu erfüllen

Begründung: besser für ihn

Lieber Neffe, als dein Onkel bin ich natürlich jederzeit bereit, dich zu unterstützen, falls es dir schlecht gehen sollte. Das bin ich nicht zuletzt auch meinem Bruder schuldig. Allerdings ist es schon nötig, dass du dich auch an mich wendest und mir sagst, weshalb du so untätig geworden bist. Solange ich nicht verstehe, was mit dir los ist, kann ich dir auch nicht helfen. Ich erwarte also deine Antwort!

Schluss
Angebot von Hilfe und Unterstützung

Aufforderung zur Antwort

Herzliche Grüße
Dein Onkel Rudi

abschließender Gruß

Übung 25

/ Hinweis: Überlege, worin jeweils der Mangel besteht: Ist der Ausdruck umgangssprachlich? Dann ersetze ihn durch einen Ausdruck der Standardsprache. Oder ist eine Formulierung grammatisch unvollständig? Dann vervollständige sie.

1. Lieber
2. deinen Brief
3. Sorgen
4. unangebracht/unnötig
5. geht es mir ganz gut
6. Vater

7. nur getan, was er von mir verlangt hat/seine Anweisungen befolgt

8. hart gearbeitet

9. ganz in Ordnung/ganz richtig

10. Es kann sein

11. richtig

12. gearbeitet

13. anzusammeln/zu verdienen

14. Spaß gehabt/(sich) ausgeruht

15. sehr schade/schrecklich

16. dass ich (nur beim ersten Mal)

17. irgendwann/eines Tages (an einer Stelle statt „einmal")

18. nie/viel zu selten

19. Es ist gut möglich/Es kann sein

20. Das erste „beide" streichen!

21. als Obdachloser auf der Straße

22. sehr gut

23. Herzliche Grüße

Übung 26

✒ **Hinweis:** *Am besten beantwortest du die Frage zunächst allgemein. Danach beziehst du dich auf den Text.*

In unserer Gesellschaft kommt man ohne Lesen und Schreiben nur schwer zurecht. Das liegt daran, dass wir überall auf Schriftliches stoßen und uns auch selbst immer wieder schriftlich äußern müssen. In dem Text „Ein Leben ohne Buchstaben" wird das am Beispiel des Mädchens Jennifer anschaulich dargestellt. Beispielsweise hatte sie große Schwierigkeiten bei der Ausbildung zur Einzelhandelskauffrau in einer Tierhandlung: Sie hat die Inhaltsstoffe aller Produkte, die dort verkauft wurden, auswendig gelernt, um ihre Aufgaben erledigen zu können. Auch in ihrer Freizeit bekommt sie regelmäßig Probleme: Wenn sie mit Freunden in ein Restaurant geht, kann sie die Speisekarte nicht lesen. Deshalb bestellt sie immer wieder das Gleiche, um sich nicht zu blamieren. Dies zeigt deutlich, dass es für Analphabeten schwer ist, einen unbeschwerten Alltag zu führen.

Übung 27

	Miriam	Ronald
1. a) Der Text gliedert sich in Einleitung, Hauptteil und Schluss.	☒	☒
b) In der Einleitung wird der Inhalt kurz zusammengefasst.	☐	☒
c) Im Hauptteil werden die wesentlichen Inhalte dargestellt.	☐	☒
d) Gesagtes wird in indirekter Rede wiedergegeben.	☐	☒
e) Die Sprache entspricht der Standardsprache.	☐	☒
f) Die Darstellung erfolgt im Präsens; bei Vorzeitigkeit wird Perfekt verwendet.	☐	☒
g) Die Sprache ist sachlich.	☐	☒
h) Der Schluss informiert über den Ausgang der Handlung.	☒	☒
i) Im Text werden unnötige Wiederholungen vermieden.	☒	☒

2. Besser gelungen ist...

☐ Miriams Inhaltsangabe.

☒ Ronalds Inhaltsangabe.

✦ **Hinweis:** Eigentlich informieren beide Inhaltsangaben über die wesentlichen Inhalte der Geschichte. Aber Miriams Darstellung weist erhebliche Mängel auf. Diese betreffen nicht nur die Sprache, sondern auch den Aufbau. Die Einleitung bringt nicht die entscheidenden Informationen, z. B. werden weder der Titel noch die Textsorte oder der Verfasser genannt. Und die einzelnen Handlungsschritte sind über alle drei Abschnitte verteilt: Sie finden sich sowohl in der Einleitung als auch im Hauptteil und im Schluss.

Übung 28

Einleitung	Textsorte:	Kurzgeschichte
	Titel:	Clown, Maurer oder Dichter
	Verfasser:	Reiner Kunze
	Thema:	Umgang eines Vaters mit seinem Sohn
	Überblick über die Handlung:	
	Vater erteilt seinem zehnjährigen Sohn unsinnige Aufgabe, Sohn befolgt Aufgabe entsprechend den Anweisungen des Vaters, Vater am Ende vor Freunden blamiert	

Hauptteil

Handlungsschritte:

1. Ich-Erzähler (Vater eines zehnjährigen Sohnes) erwartet Besuch von Freunden (zu Kaffee und Kuchen)
2. Vater fordert Sohn auf, alle Kuchenstücke auf einen Teller zu legen
3. Nachfrage des Sohnes: Vater bestätigt Auftrag
4. Sohn erledigt Auftrag genau nach Anweisung, während Vater Gäste empfängt
5. Vater empört über Handeln des Sohnes
6. Gäste verteidigen Sohn, loben seine Fähigkeiten und Begabungen, sagen ihm verschiedene berufliche Karrieren voraus
7. Vater schämt sich vor Gästen
8. Vater hört Äußerung seines Sohnes gegenüber der Schwester → erkennt Kritik darin, ist erstaunt über dessen Schlauheit

Schluss

Ausgang der Handlung:

Vater beschließt, künftig beim Umgang mit dem Sohn vorsichtiger zu sein

---

Die Kurzgeschichte „Clown, Maurer oder Dichter" von Reiner Kunze handelt von einem Vater, der seinem zehnjährigen Sohn einen unsinnigen Auftrag erteilt und sich deswegen anschließend vor seinen Freunden blamiert.

Einleitung
Information über Titel, Textsorte, Verfasser und Thema

Der Vater des Jungen, der Ich-Erzähler, erwartet am Nachmittag Besuch von Freunden zu Kaffee und Kuchen. Während er seine Gäste in Empfang nimmt, soll sein Sohn schon einmal den Kuchen auf einen Teller legen. Die Nachfrage des Sohnes, ob wirklich der ganze Kuchen auf einen Teller kommen solle, wird vom Vater bestätigt. Daraufhin stapelt der Junge den Kuchen von beinahe zwei Backblechen mühsam übereinander auf einem einzigen kleinen Teller. Als der Vater zusammen mit seinen Gästen in die Küche zurückkehrt und das sieht, ist er empört und macht seinem Sohn heftige Vorwürfe. Doch unerwartet ergreifen seine Freunde Partei für den Sohn: Einer nach dem anderen lobt die herausragenden Fähigkeiten und Begabungen des Kindes, die es beim kunstvollen Stapeln der vielen Kuchenstücke unter Beweis gestellt habe. Sie sagen ihm jeweils

Hauptteil
Handlungsschritte:
1. Vater erwartet Besuch von Freunden
2. Vater erteilt Sohn unsinnigen Auftrag
3. Sohn fragt nach, erhält bestätigende Antwort
4. Sohn führt Auftrag des Vaters aus
5. Vater kommt mit Gästen zurück, macht seinem Sohn heftige Vorwürfe
6. Sohn wird von Freunden in Schutz genommen und gelobt

eine hoffnungsvolle Karriere voraus, als Clown oder als Maurer, Dichter oder Soldat. Das fasst der Vater als Kritik an seinem Umgang mit dem Sohn auf, und er ist beschämt. Später hört er mit an, wie auch sein Sohn im Gespräch mit seiner Schwester Kritik an ihm übt, und staunt über dessen Schlauheit.

7. Vater fühlt sich kritisiert, schämt sich vor Freunden

8. Vater hört kritische Äußerung seines Sohnes, staunt über dessen Schlauheit

Nach diesem Vorfall beschließt der Ich-Erzähler, künftig sehr genau darauf zu achten, wer anwesend ist, wenn er mit seinem Sohn spricht, um sich nicht wieder zu blamieren.

Schluss

Vater beschließt, künftig im Umgang mit seinem Sohn vorsichtiger zu sein

Übung 29

	AA	E	B
a) Vielen ist die Bedeutung des Klimawandels noch nicht bewusst genug.	☒	☐	☐
b) Die Prognosen der Klimaforscher überzeugen sie nicht.	☐	☒	☐
c) Ein verregneter Sommer oder kalter Winter genügt, …	☐	☐	☒
d) … und sie glauben nicht mehr an den Klimawandel.	☐	☒	☐
e) Jugendliche orientieren sich an ihren Eltern.	☒	☐	☐
f) Wenn die Eltern den Klimawandel nicht ernst nehmen, glauben sie auch nicht daran.	☐	☒	☐

Übung 30

✦ **Hinweis:** In der Regel findest du allgemeine Aussagen nicht in anschaulichen Schilderungen (z. B. am Anfang des ersten Absatzes). Auch in wörtlicher Rede sind sie nicht enthalten. Dort findest du nur Erläuterungen.

[…] In Texas können sich Schulschwänzer bald nicht mehr vor ihren Lehrern verstecken: Denn durch eine Art Peilsender können die künftig prinzipiell jeden Schüler aufspüren […].

Mit diesem Pilotprojekt sorgt ein Schulbezirk in San Antonio derzeit für Aufruhr: Rund 6 290 Schüler von zwei verschiedenen Schulen sollen im nächsten Jahr einen neuen Schulausweis bekommen. […] Das Besondere daran: In ihm ist ein Chip verborgen, durch elektromagnetische Wellen lassen sich Schüler dann orten […].

[…] der Bezirk möchte so Geld verdienen. […] Denn die Finanzierung der Schule ist zum Teil an die Anwesenheit der Schüler gekoppelt: […]. Datenschützer zeigen sich wenig begeistert von diesem Plan: […]. Mitglieder der Schulbehörde zeigen sich ebenfalls skeptisch: […] Zwar begrüßen einige Eltern durchaus die Pläne, […].

✦ **Hinweis:** *Beginne bei der Darstellung deiner Inhaltszusammenfassung zunächst mit einer Aussage zu dem Vorhaben zweier Schulen in Texas. Danach führst du die Begründungen für dieses Vorhaben an. Anschließend äußerst du dich zu den Reaktionen dazu. Am Schluss ziehst du eine Art Bilanz.*
Es genügt natürlich nicht, dass du nur die allgemeinen Aussagen, die du im Text identifiziert hast, aneinanderreihst. Du musst auch zusätzliche Erläuterungen ergänzen. Wichtig ist, dass du eigene Worte verwendest. „Klebe" nicht an den Formulierungen im Text.

In dem Text „Hier werden Sie geortet", erschienen bei SPIEGEL-Online im Mai 2012, geht es um die geplante Einführung eines neuen Schülerausweises an zwei Schulen in Texas, USA. Dieser Schülerausweis ist mit einem Chip versehen, der es ermöglicht, die Aufenthaltsorte der Schüler zu bestimmen.

Einleitung
Nennung von Textsorte, Titel, Quelle, Erscheinungsdatum und Thema: Einführung von Schülerausweisen mit Chip in Texas

Ziel der Einführung dieses Ausweises ist es, die Zahl der Schulschwänzer deutlich zu verringern. Das würde langfristig für die Schulen finanzielle Vorteile mit sich bringen, auch wenn die Kosten für die Einführung zunächst hoch sind: rund 420 000 Euro. Auf Dauer rechnet der Schulbezirk aber eher mit Mehreinnahmen. Die Summe, die eine Schule vom Staat bekommt, hängt nämlich von der Anwesenheit der Schüler ab. Schulen, denen es gelingt, die Zahl der Schulschwänzer zu senken, erhalten mehr Geld.

Hauptteil
wesentliche Informationen:
Ziel der Einführung: Anzahl der Schulschwänzer verringern, in der Folge: Erzielen von Mehreinnahmen

Begründet wird die geplante Einführung des neuen Ausweises außerdem mit einer verbesserten Sicherheit für die Schüler.

weitere Begründung: Ausweis erhöht Sicherheit für die Schüler

Das Vorhaben stößt allerdings überwiegend auf Protest. Datenschützer befürchten einen Eingriff in die Privatsphäre der Schüler. Auch sehen sie keineswegs eine verbesserte Sicherheit: Sie geben zu bedenken, dass es Hackern gelingen könnte, in das System einzudringen, und es dann leichter möglich wäre, Schüler zu entführen.

Reaktionen: überwiegend Protest: Kritik von Datenschützern

Die Schulbehörde findet den Plan der beiden Schulen ebenfalls bedenklich. Bei den Eltern sind die Meinungen über den neuen Schulausweis gemischt. Offenbar ist die Hauptmotivation für die Einführung des Chip-Ausweises die Hoffnung auf Mehreinnahmen. Pädagogische Gründe werden nicht genannt, und ob damit mehr Sicherheit erreicht werden kann, ist wohl auch fraglich.

Bedenken der Schulbehörde; Meinung der Eltern gemischt

Schluss
entscheidende Information

Übung 31

Einleitung	Textsorte:	Gedicht
	Titel:	Nelken
	Verfasser:	Theodor Storm
	Thema:	Versuche des lyrischen Ichs, sich einem Mädchen zu nähern, das ihm gefällt

Hauptteil	Situation des lyrischen Sprechers, Erlebnisse und Erfahrungen:
	• lyrisches Ich: offenbar ein junger Mann
	• versucht, mithilfe von Blumen die Aufmerksamkeit eines Mädchens zu wecken
	• bindet morgens einen Strauß aus Nelken und schickt ihn ihr
	• verrät nicht den Namen des Gebers
	• verhält sich sehr zurückhaltend, auch am Abend beim Tanz
	• sieht Mädchen, geschmückt mit Nelken
	• Mädchen lacht ihm zu

Schluss	Ergebnis (z. B. die Stimmung des Gedichts):
	• lyrisches Ich hat verstanden: Ziel erreicht
	• hat dem Mädchen eine Freude gemacht
	• hat es geschafft, sie auf sich aufmerksam zu machen

/ **Hinweis:** Inhaltsangaben zu Gedichten sind in der Regel sehr knapp. Es muss dir gelingen, die entscheidenden Gedanken, Gefühle und Handlungen des lyrischen Sprechers mit wenigen Worten zusammenfassend darzustellen. Achte darauf, bei den Gedanken zwischen Absicht und Ziel zu unterscheiden.

In dem Gedicht „Nelken" von Theodor Storm beschreibt das lyrische Ich, offensichtlich ein junger Mann, wie es ihm gelingt, sich einem jungen Mädchen zu nähern, das ihm gefällt.

Er hat für sie am frühen Morgen einen Strauß Nelken gebunden und ihn ihr geschickt, ohne zu verraten, von wem dieses Geschenk kommt. Auch abends beim Tanz verhält er sich sehr zurückhaltend. Doch dort sieht er, dass sich das Mädchen mit einigen Nelken aus seinem Strauß geschmückt hat und ihn anlacht.

Somit hat das lyrische Ich sein Ziel erreicht: Indem es dem geliebten Mädchen eine Freude bereitet hat, ist es ihm gelungen, sie auf sich aufmerksam zu machen. Sie hat wohl sofort geahnt, von wem der Strauß Nelken stammt.

Übung 32

1. a) ✏ **Hinweis:** *Notiere nur die wesentlichen Informationen, um die W-Fragen zu beantworten. Bei der Antwort auf die Was-Frage empfiehlt es sich, einen vollständigen Satz zu schreiben, um den entscheidenden Zusammenhang klar darzustellen.*

   Wer?   eine junge Frau namens Elsa, 20 Jahre alt; daneben deren Mutter

   Wo?   in der gemeinsamen Wohnung, zeitweise draußen auf der Straße

   Wann? Samstag, 22. Dezember (zwei Tage vor Weihnachten), nachmittags und abends

   Was?   Konflikt zwischen der jungen Frau und ihrer Mutter: Elsa fühlt sich durch die zudringliche Fürsorge ihrer Mutter bedrängt, möchte am liebsten von zu Hause ausziehen.

   b) Im Text spricht…

   ☐ ein Ich-Erzähler.

   ☒ ein Er-Erzähler, der kühl und distanziert ist.

   ☐ ein Er-Erzähler, der mitfühlend wirkt.

   ☐ die Hauptperson Elsa.

   ✏ **Hinweis:** *Auch wenn der Er-Erzähler die Gedanken und Gefühle einer Person kennt, kann er kühl und distanziert sein.*

c) ✔ **Hinweis:** *Benenne in der Einleitung das Thema, indem du den Grundkonflikt beschreibst, um den es in der Kurzgeschichte geht. Aussagen zum Verlauf der Handlung gehören in den Hauptteil. Um zu vermeiden, dass dir der erste Satz allzu lang und unübersichtlich gerät, kannst du dich auf eine einzige Information beschränken (in der Beispiellösung: die Antwort auf die Wann-Frage). Erst danach äußerst du dich zum Thema.*

Die Kurzgeschichte „Augenblicke" von Walter Helmut Fritz spielt an einem Samstagnachmittag im Dezember, zwei Tage vor Weihnachten. Sie handelt von einer jungen Frau namens Elsa, die sich durch die zudringliche Fürsorge ihrer Mutter übermäßig eingeengt fühlt und am liebsten aus der gemeinsamen Wohnung ausziehen möchte.

2. a) ✔ **Hinweis:** *Führe nur die wesentlichen Einzelheiten an, um den Ablauf der Handlung darzustellen.*

Als Elsa im Bad vor dem Spiegel steht, um sich zu schminken, kommt ihre Mutter, wie so oft, herein, um mit ihr zu reden. Da verlässt sie genervt das Bad und zieht sich in ihr Zimmer zurück. Nach einer Weile geht sie aus dem Haus und fährt in die Stadt, mit dem Ziel, sich eine eigene Wohnung zu suchen, was ihr aber nicht gelingt. Erst am späten Abend kehrt sie nach Hause zurück. Sie beschließt, gleich nach Weihnachten auszuziehen.

b) ✔ **Hinweis:** *Es kann sein, dass du einige von den Textstellen in der Lösung nicht unterstrichen hast. Genauso gut ist es möglich, dass du zusätzliche Textstellen markiert hast. Das ist vollkommen in Ordnung – solange man aus den Textstellen, die du unterstrichen hast, mehr herauslesen kann, als es auf den ersten Blick den Anschein hat. Achte darauf, die Randkommentare im Präsens zu formulieren.*

unterstrichene Textstellen	Randkommentare
[...] unter dem Vorwand, sie wolle sich nur die Hände waschen. (Z. 4/5)	hält Mutter für unehrlich
Also doch! Wie immer, wie fast immer. (Z. 6)	kommt häufig vor
Elsas Mund krampfte sich zusammen. [...] Ihre Augen wurden schmal. Ruhig bleiben! (Z. 7–9)	innerlich angespannt, will sich nichts anmerken lassen
„Komm, ich mach dir Platz", sagte sie zu ihrer Mutter und lächelte ihr zu. (Z. 17/18)	weicht der Begegnung mit Mutter aus; auch unehrlich
„Aber es ist doch so eng", sagte Elsa und ging rasch hinaus [...]. (Z. 21/22)	unehrlich, nur ein Vorwand
Sie behielt einige Augenblicke länger als nötig die Klinke in der Hand, wie um die Tür mit Gewalt zuzuhalten. (Z. 23–26)	hat Angst davor, dass ihre Mutter ihr folgen könnte

Sie ging auf und ab, von der Tür zum Fenster, vom Fenster zur Tür. (Z. 26/27)	aufgewühlt
Vorsichtig öffnete ihre Mutter. (Z. 27/28)	Mutter rücksichtsvoll, möchte Tochter nicht stören
Elsa tat, als ob ihr inzwischen etwas anderes eingefallen wäre, und machte sich an ihrem Tisch zu schaffen. (Z. 30–33)	will nicht mit ihrer Mutter reden; ist nicht offen zu ihr
Die Mutter nahm die Verzweiflung ihrer Tochter nicht einmal als Ungeduld wahr. (Z. 36–38)	erkennt nicht, was in Tochter vorgeht; wenig sensibel
Wenig später [...] verließ Elsa das Haus, ohne ihrer Mutter adieu zu sagen. (Z. 39–41)	will jede Begegnung mit ihrer Mutter vermeiden
Sie hätte zu Hause im Telefonbuch eine Adresse nachsehen können. (Z. 44/45)	nicht vorbereitet
Sie sah den Menschen nach, die vorbeigingen. Sie trieb mit. (Z. 59/60)	ziellos
Sie ging Stunden umher. Sie würde erst spät zurückkehren. (Z. 62/63)	will eine erneute Begegnung mit ihrer Mutter verzögern
Ihre Mutter würde zu Bett gegangen sein. Sie würde ihr nicht mehr gute Nacht zu sagen brauchen. (Z. 63–65)	will ihrer Mutter nicht mehr begegnen, will allein sein
Sie war zwanzig Jahre alt und verdiente. (Z. 67/68)	fühlt sich erwachsen genug
Ihre Mutter lebte seit dem Tod ihres Mannes allein. Oft empfand sie Langeweile. (Z. 73–75)	Mutter geht es nicht gut
Sie wollte mit ihrer Tochter sprechen. (Z. 75/76)	hat Bedürfnis nach Kontakt
Weil sich die Gelegenheit selten ergab (Elsa schützte Arbeit vor), suchte sie sie auf dem Flur zu erreichen oder, wenn sie im Bad zu tun hatte. (Z. 76–79)	Elsa weicht Kontakt mit Mutter aus, Folge: zudringliches Verhalten der Mutter
Sie liebte Elsa. Sie verwöhnte sie. (Z. 79/80)	Elsas Gedanken: Sie weiß das!
Elsa floh. (Z. 84)	meidet Auseinandersetzung
Sie spürte Zuneigung zu den vielen Leuten, zwischen denen sie ging. (Z. 86–88)	hält deren Beziehung zueinander für harmonisch
Sie dachte daran, dass ihre Mutter alt und oft krank war. (Z. 91–93)	empfindet Mitleid mit ihrer Mutter
[...] sie hätte unartikuliert schreien mögen, in die Nacht mit ihrer entsetzlichen Gelassenheit. (Z. 94–96)	ist völlig ratlos und verzweifelt

c) **/ Hinweis:** *Du kannst die Randkommentare gut bündeln, wenn du bedenkst, auf wen sich die jeweiligen Textstellen beziehen: auf Elsa oder auf ihre Mutter? Auch kannst du sie vom Ablauf her gruppieren: Was geschieht zuerst? Was folgt danach?*

- Elsa leidet sehr darunter, dass ihre Mutter so zudringlich ist.
- Es stört sie außerdem, dass ihre Mutter unehrlich ist.
- Selbst ist sie aber auch unehrlich.
- Statt sich mit ihrer Mutter auseinanderzusetzen, zieht sie sich zurück.
- Zugleich empfindet sie Mitleid mit ihrer Mutter.
- Elsa weiß, dass sich ihre Mutter allein fühlt und deshalb den Kontakt zu ihr sucht.
- Auch fühlt sie sehr wohl, dass ihre Mutter sie liebt.
- Sie befindet sich deshalb in einem Zwiespalt und ist ratlos und verzweifelt.

d) **/ Hinweis:** *Du solltest immer über den Sinn einer Überschrift nachdenken. Der Verfasser hat sie mit Sicherheit sorgfältig ausgewählt. Somit dürfte sie eine Hilfe für die Deutung des gesamten Textes sein.*

Aus der Überschrift geht von Anfang an hervor, dass es sich nur um Momente handelt, in denen Elsa das Gefühl hat, unbedingt von zu Hause ausziehen zu müssen. Damit wird schon angedeutet, dass sie ihren Plan, sich eine eigene Wohnung zu suchen, nicht wahr machen wird.

e) **/ Hinweis:** *Orientiere dich beim Schreiben an den deutenden Aussagen, die du zu Teilaufgabe c formuliert hast. Überlege, in welcher Reihenfolge du sie in deinem Text verwenden willst, und nummeriere sie entsprechend. Beim Schreiben kannst du dich dann danach richten. Vergiss nicht, deinen Text zusammenhängend zu formulieren und bei wichtigen Aussagen passende Textstellen als Beleg anzuführen. Oft genügt es, wenn du in Klammern auf eine Textstelle verweist: vgl. Z. xx/Z. yy. Nur Textstellen, die eingehend erläutert werden müssen, solltest du Wort für Wort zitieren und in deinen eigenen Text integrieren. Danach musst du ihre Bedeutung erklären.*

Als Elsa im Bad vor dem Spiegel steht, um sich zu schminken, kommt ihre Mutter, wie so oft, herein, um mit ihr zu reden. Da verlässt sie genervt das Bad und zieht sich in ihr Zimmer zurück. Nach einer Weile geht sie aus dem Haus und fährt in die Stadt, mit dem Ziel, sich eine eigene Wohnung zu suchen, was ihr aber nicht gelingt. Erst am späten Abend kehrt sie nach Hause zurück. Sie beschließt, gleich nach Weihnachten auszuziehen.

Die junge Frau leidet sehr darunter, dass ihre Mutter so aufdringlich ist und immer wieder den Kontakt zu ihr sucht. Wenn sie sich im Bad zurechtmacht, kommt diese regelmäßig herein, um mit ihr zu reden („Wie immer, wie fast immer.", Z. 6). Das kann sie nicht ertragen.

Es stört Elsa auch, dass ihre Mutter unehrlich ist. Bei ihrem Eintreten ins Bad sagt sie, „sie wolle sich nur die Hände waschen" (Z. 4/5). Für Elsa ist das aber nur ein Vorwand. In Wirklichkeit weiß sie, dass ihre Mutter bloß mit ihr reden will.

Doch die Tochter ist im Umgang mit ihrer Mutter auch nicht aufrichtig. Statt ihr klar zu sagen, dass sie zumindest hin und wieder ihre Ruhe haben möchte, zieht sie sich zurück: Als die Mutter sagt, sie sei gleich mit dem Händewaschen fertig, weist Elsa auf die Enge des Badezimmers hin und verschwindet in ihr Zimmer (vgl. Z. 21–23). In Wirklichkeit will sie jeden näheren Kontakt mit ihr meiden. Deshalb gibt sie auch oft vor, arbeiten zu müssen (vgl. Z. 77). Statt die Auseinandersetzung zu suchen, wählt Elsa also den Rückzug.

An diesem 22. Dezember ist sie so aufgewühlt, dass ihr nur noch eine Lösung einfällt: Sie will von zu Hause ausziehen. Ohne ihrer Mutter Bescheid zu sagen, verlässt sie das Haus, mit dem Ziel, sich eine eigene Wohnung zu suchen. Doch sie ist schlecht vorbereitet, denn sie hat sich vorher nicht über die Adresse der Wohnungsvermittlung informiert. Als ihr klar wird, dass sie die Agentur nicht finden wird, läuft sie noch eine Zeit lang ziellos in der Menschenmenge umher („Sie trieb mit.", Z. 60) und kehrt erst am späten Abend nach Hause zurück. Sie hofft, dass ihre Mutter dann schon im Bett ist und sie nicht mehr mit ihr reden muss (vgl. Z. 63–65).

Ihren Entschluss, sich gleich nach Weihnachten eine Wohnung zu suchen, wird Elsa aber kaum wahr machen. Sie hat nämlich auch Mitleid mit ihrer Mutter. Diese ist seit dem Tod des Vaters nämlich ganz allein; auch ist sie schon „alt und oft krank" (Z. 92/93). Außerdem weiß sie, dass ihre Mutter sie liebt und alles für sie tut („Sie liebte Elsa. Sie verwöhnte sie.", Z. 79/80).

Dass sie ihren Plan nicht durchführen wird, ist schon an der Überschrift zu erkennen: „Augenblicke". Damit drückt der Verfasser aus, dass es sich nur um Momente handelt, in denen Elsa so genervt ist und am liebsten sofort von zu Hause ausziehen möchte.

Sie scheint selbst zu ahnen, dass sie ihr Vorhaben nicht verwirklichen wird. Ihre Ratlosigkeit und Verzweiflung am Ende deuten zumindest darauf hin: „[...] sie hätte unartikuliert schreien mögen [...]." (Z. 94/95). Für das, was sie quält, findet sie anscheinend gar keine Worte.

3. a) Der Text ...

	trifft zu	trifft nicht zu
enthält ausnahmslos vollständige Sätze.	☐	☒
besteht überwiegend aus Satzreihen.	☐	☒
beinhaltet vor allem Satzgefüge.	☒	☐

b)

Wörter mit positivem Sinn	Wörter mit negativem Sinn
lieben (Z. 80)	Aufdringlichkeit (Z. 14)
verwöhnen (Z. 80)	behext, entsetzt, gepeinigt (Z. 15)
Sterne (Z. 86)	(sich) fürchten (Z. 16)
Zuneigung (Z. 86/87)	eng (Z. 21)
Gelassenheit (Z. 96)	Verzweiflung (Z. 36)
	Tod (Z. 73)
	allein (Z. 74)
	Langeweile (Z. 74/75)
	fliehen (Z. 84)
	alt (Z. 92)
	krank (Z. 93)
	entsetzlich (Z. 95)

✦ **Hinweis:** Es lassen sich zahlreiche Wörter mit negativem Sinn finden, während man nach Wörtern mit positivem Sinn richtig suchen muss. Die Wortwahl zeigt damit schon an, dass in der Kurzgeschichte vor allem eine negative Stimmung zum Ausdruck kommt.

c)

Textstelle	Sprachbild	Wirkung
die Nerven freilegt (Z. 14)	Metapher	☹
[...], wie um die Tür mit Gewalt zuzuhalten. (Z. 25/26)	bildhafter Vergleich	☹
Sie trieb mit. (Z. 60)	Metapher	☺
[...] die Nacht mit ihrer entsetzlichen Gelassenheit. (Z. 95/96)	Personifikation	☹

✦ **Hinweis:** Die wenigen Sprachbilder, die es im Text gibt, wirken fast alle düster. Ein Sprachbild, mit dem eine harmonische Stimmung erzeugt wird, gibt es nicht.

d) „Kein/kein einziges Mal" (Z. 68, Z. 71/72, Z. 81)

Ablehnung, Wut, Entschlossenheit

✏ Hinweis: Die Worte „kein einziges Mal" gehen Elsa durch den Kopf, wenn sie daran denkt, dass ihre Mutter immer so zudringlich ist und den Kontakt zu ihr sucht. Wenn sie sich sagt, dass sie sich „kein einziges Mal" mehr werde beherrschen können, zeigt das, welche Wut in ihr steckt.

e) *✏ Hinweis: Wenn du dich zur Darstellung eines Textes äußerst, solltest du versuchen, Zusammenhänge zwischen der Sprache und dem Inhalt herzustellen. In diesem Fall wirkt der Inhalt trostlos und die Sprache verstärkt das noch.*

Die Stimmung, die in dieser Kurzgeschichte zum Ausdruck kommt, ist trübe und düster. Der Erzähler stellt die Handlung dem Anschein nach zwar neutral und distanziert dar. Aber er wählt auffallend viele Wörter, mit denen der Leser negative Vorstellungen verbindet, z. B. Wörter wie „Aufdringlichkeit" (Z. 14), „entsetzt" (Z. 15) und „Verzweiflung" (Z. 36). Nach Wörtern mit positivem Sinn muss man richtig suchen. Man findet sie auch erst im letzten Teil der Kurzgeschichte (ab Z. 79).

Die wenigen Sprachbilder (z. B. „Nerven freilegt", Z. 14, und „die Nacht mit ihrer entsetzlichen Gelassenheit", Z. 95/96) wecken ebenfalls eher unschöne Gefühle. Das zeigt, dass der größte Teil des Textes eine ziemlich trostlose Atmosphäre widerspiegelt.

Auch der Satzbau wirkt wenig harmonisch. Zwar überwiegen Satzgefüge, doch diese werden hin und wieder durch auffallend kurze oder unvollständige Sätze unterbrochen (z. B. in Z. 6, Z. 71/72, Z. 84). Diese wirken wie eine Störung.

Am Schluss der Kurzgeschichte sagt sich die Hauptfigur mehrmals, dass sie die Aufdringlichkeit ihrer Mutter „kein einziges Mal" (Z. 68, Z. 71/72, Z. 81) mehr ertragen könnte, ohne die Beherrschung zu verlieren. Das zeigt, welche Wut sich in ihr angesammelt hat. Doch am Ende wirkt sie richtig hilflos und möchte nur noch schreien.

4. *✏ Hinweis: Um begründen zu können, warum dir ein Text gefällt (oder auch nicht), kannst du dir diese Fragen stellen: Kann ich mich in die Situation der Hauptperson hineinversetzen? Wirkt die Handlung glaubwürdig? Finde ich das Verhalten der Hauptperson richtig?*

Ich bin mir nicht ganz sicher, ob mir die Kurzgeschichte gefällt. Auf der einen Seite finde ich es gut, dass es um einen Konflikt zwischen einer jungen Frau und ihrer Mutter geht. Viele Jugendliche kennen bestimmt dieses Gefühl: Man hat hin und wieder eine solche Wut auf die Eltern, dass man am liebsten ausziehen möchte, weil man glaubt, es zu Hause nicht mehr auszuhalten. Ein bisschen geht es ihnen dann so wie Elsa. Man kann sich also ganz gut in sie hineinversetzen. Aber auf der anderen Seite gefällt mir Elsas Verhalten nicht. Ich finde es falsch, dass sie nicht offen mit ihrer Mutter redet. So kann sie ja ihre Lage überhaupt nicht verbessern. Auch stört mich, dass sie so planlos vorgeht. Will sie nun ausziehen oder nicht? Das scheint ihr selbst nicht ganz klar zu sein. Das Thema des Textes finde ich also ganz gut, aber das Verhalten der Hauptfigur gefällt mir gar nicht.

Übung 33

Inhaltsangabe (Arbeitsschritte 1 bis 3)

✎ **Hinweis:** *Die ersten drei Arbeitsschritte hast du schon erledigt, denn du hast die Inhaltsangabe bei Übung 30 ja schon angefertigt. Diese Inhaltsangabe kannst du verwenden. Allerdings solltest du den Schlussabsatz streichen.*

In dem Text „Hier werden Sie geortet", erschienen bei SPIEGEL-Online im Mai 2012, geht es um die geplante Einführung eines neuen Schülerausweises an zwei Schulen in Texas, USA. Dieser Schülerausweis ist mit einem Chip versehen, der es ermöglicht, die Aufenthaltsorte der Schüler zu bestimmen. Ziel der Einführung dieses Ausweises ist es, die Zahl der Schulschwänzer deutlich zu verringern. Das würde langfristig für die Schulen finanzielle Vorteile mit sich bringen, auch wenn die Kosten für die Einführung zunächst hoch sind: rund 420 000 Euro. Auf Dauer rechnet der Schulbezirk aber eher mit Mehreinnahmen. Die Summe, die eine Schule vom Staat bekommt, hängt nämlich von der Anwesenheit der Schüler ab. Schulen, denen es gelingt, die Zahl der Schulschwänzer zu senken, erhalten mehr Geld. Begründet wird die geplante Einführung des neuen Ausweises außerdem mit einer verbesserten Sicherheit für die Schüler.

Das Vorhaben stößt allerdings überwiegend auf Protest. Datenschützer befürchten einen Eingriff in die Privatsphäre der Schüler. Auch sehen sie keineswegs eine verbesserte Sicherheit: Sie geben zu bedenken, dass es Hackern gelingen könnte, in das System einzudringen, und es dann leichter möglich wäre, Schüler zu entführen. Die Schulbehörde findet den Plan der beiden Schulen ebenfalls bedenklich. Bei den Eltern sind die Meinungen über den neuen Schulausweis gemischt.

Darstellung (Arbeitsschritte 4 und 5)

✦ **Hinweis:** *Beschreibe zunächst den Aufbau des Textes und gehe dann erst auf die Wortwahl ein. Am Schluss stellst du Überlegungen zur Wirkung der Darstellung an.*

Der Verfasser schildert zu Beginn eine typische Situation am Ende einer Hofpause: „Manchmal ist es verlockender, nach der Pausenklingel einfach auf dem Schulhof zu bleiben. Lieber noch etwas in der Sonne liegen als zurück in den dunklen Klassenraum." (Z. 1–5) Danach wendet er sich dem eigentlichen Thema zu: der Einführung neuer Schülerausweise an zwei Schulen in Texas. Allerdings gleicht seine Darstellung auch hier zunächst der Beschreibung eines Beispiels: „In Texas können sich Schulschwänzer bald nicht mehr vor ihren Lehrern verstecken [...]." (Z. 5–7) Erst ab dem Beginn des zweiten Absatzes wirkt der Text wirklich informativ. Hier bringt der Verfasser die eigentliche Nachricht: An zwei Schulen im US-Bundesstaat Texas sollen elektronische Schülerausweise eingeführt werden. Es folgen Informationen über die Ziele, die damit verbunden sind. Auch werden weitere Begründungen genannt, mit denen das Vorhaben gerechtfertigt wird. Zum Schluss werden Reaktionen auf die neuen Ausweise beschrieben.

Der Verfasser verwendet mehrmals wörtliche Rede, um den rein informativen Teil seines Textes aufzulockern (z. B. in Z. 24–26, in Z. 28–31 und in Z. 68–72). Der Text schließt auch mit einem Zitat, nämlich mit der Äußerung einer Mutter: „Ich würde mir wünschen, dass Lehrer Schüler motivieren, auf ihren Plätzen zu sitzen, und dass nicht der Bezirk so etwas tun muss." (Z. 76–79) Darüber hinaus werden im Mittelteil nochmals Beispiele beschrieben, um die Darstellung anschaulich zu gestalten (Z. 47–52).

Der Verfasser hat sich offenbar darum bemüht, seine Informationen so aufzubereiten, dass der Leser sie mit Interesse und Vergnügen liest. Das zeigt sich auch an der Wortwahl. Er orientiert sich immer wieder am alltäglichen Sprachgebrauch. Das beginnt schon damit, dass er nicht von Schülern spricht, die dem Unterricht fernbleiben, sondern von „Schulschwänzern" (vgl. Z. 5/6 und Z. 43) oder von Schülern, die sich vor ihren Lehrern „verstecken" (Z. 7).

Allerdings wirkt die Darstellung dadurch auch nicht immer seriös. Man hat den Eindruck, dass der Verfasser sich ein wenig über die geplante Einführung dieser elektronischen Schülerausweise lustig macht. Auf diese Weise gibt er durchaus zu erkennen, was er davon hält: Er findet den Plan albern.

Stellungnahme (Arbeitsschritt 6)

Hinweis: Entscheide zunächst, ob du Nico zustimmen oder ihm widersprechen willst. Danach überlegst du, wie du deine Meinung am besten begründest. Beziehe dich in deiner Begründung auf den Text. Führe zum Beleg mindestens eine Textstelle an.

Ich stimme Nico nicht zu. Dass der Schulbezirk die Schüler mit diesen elektronischen Ausweisen schikanieren will, glaube ich nicht. Es wird ja ausdrücklich gesagt, dass man langfristig mit Mehreinnahmen rechnet. Man hofft, die Zahl der Schulschwänzer durch die Einführung des neuen Ausweises senken zu können, und dann würden die Schulen vom Staat mehr Geld bekommen. Allerdings halte ich eine Begründung, die der Sprecher des Schulbezirks anführt, für verlogen. Angeblich geht es auch um die Sicherheit („Wir wollen die Möglichkeiten der Technik nutzen, um die Schulen sicherer zu machen [...]", Z. 24–26). Ich denke, diese Begründung ist nur vorgeschoben, um die Einführung der neuen Ausweise zu rechtfertigen. Um eines geht es dem Schulbezirk jedenfalls nicht: um das Wohl der Schüler. Denn dann müssten andere Maßnahmen ergriffen werden, um die Schüler vom Schwänzen abzubringen. Es müsste den Lehrern gelingen, den Unterricht so interessant zu gestalten, dass alle Schüler gern daran teilnehmen wollen. Ich fürchte aber, das ist wenig realistisch.

Übung 34

In dem Gedicht „Was ein Kind braucht" von Peter Maiwald macht sich der lyrische Sprecher Gedanken über die Bedürfnisse von Kindern. In nur einer Strophe, die aus insgesamt 20 Versen besteht, zählt er praktisch alles auf, was ein Kind braucht. Er sagt auch, welche Konsequenzen es haben würde, wenn die Bedürfnisse der Kinder nicht erfüllt würden, und fordert die Erwachsenen auf, dafür zu sorgen, dass das nicht geschieht.

Der Gedichttext lässt sich in drei Sinnabschnitte untergliedern: Im ersten Teil (V. 1–16) nennt der lyrische Sprecher die verschiedenen Bedürfnisse, die Kinder haben, im zweiten Teil (V. 17/18) äußert er sich zu den möglichen Folgen, für den Fall, dass ein Kind seine Bedürfnisse nicht befriedigen kann, und im dritten Teil (V. 19/20) richtet er einen Appell an seine Leser: Sie sollen dafür sorgen, dass Kinder keinen Mangel leiden müssen.

Der lyrische Sprecher richtet seine Worte nicht nur an die erwachsenen Leser, sondern auch an sich selbst. Das ist an der Formulierung des Appells zu erkennen, mit dem das Gedicht schließt: „Dass ein Kind das alles hat, / sind wir auf der Erden." (V. 19/20). Er hält es also für die Aufgabe der Erwachsenen, dafür zu sorgen, dass Kinder alles bekommen, was sie brauchen.

Am Anfang jedoch wendet der lyrische Sprecher sich erst einmal den verschiedenen Bedürfnissen von Kindern zu. Er beginnt damit, dass ein Kind gleich nach der Geburt eine Unterkunft benötigt („eine Wohnung", V. 2) sowie Kleidung (vgl. V. 3). Danach orientiert er sich an den möglichen Wünschen eines kleinen Kindes: „eine Spielzeugkist, / Bonbons als Belohnung, / Murmeln" (V. 3–5). Das eigene Bett erwähnt er auch (vgl. V. 5). Dann weitet der lyrische Sprecher seinen Blick: Ein Kind brauche auch das soziale Lernen in einer Gruppe („einen Kindergarten", V. 6) sowie Bildung („Bücher", V. 7) und spielerische körperliche Aktivität („ein Schaukelbrett", V. 7). Für bedeutsam hält er auch das Umfeld: die Natur („Tiere aller Arten, / Wälder, Wiesen", V. 8/9) und den Wohnort („eine Stadt", V. 9). Weiter nennt er die Erfahrung von Jahreszeiten und Wetter („Sommer, Regen, Winter", V. 10) sowie Möglichkeiten der Fortbewegung („Flieger, Schiffe und ein Rad", V. 11). In den Versen 12–14 wendet er sich den sozialen Kontakten zu: Ein Kind brauche sowohl den Umgang mit Gleichaltrigen („viele andre Kinder", V. 12) als auch Eltern, die ihm Sicherheit geben („einen Mann, der Arbeit hat, / eine kluge Mutter", V. 13/14). Danach geht es um die große Weltpolitik: Ein Kind müsse in einer Welt leben können, in der es keinen Krieg gibt („Länder, wo es Frieden hat", V. 15). Die Aufzählung der Bedürfnisse schließt mit dem Hinweis darauf, dass es für ein Kind auch genügend zu essen geben muss („Brot und Butter", V. 16).

Falls ein Kind dies alles entbehren müsse („nichts davon hat", V. 17), könne es sich nicht gut entwickeln. Es könne dann „nicht menschlich werden" (V. 18). Damit meint der lyrische Sprecher, dass Menschen, die in ihrer Kindheit vieles entbehren müssen, später dazu neigen, negative Verhaltensweisen zu zeigen, z. B. Egoismus und Unfreundlichkeit, und vielleicht sogar zu Gewalt greifen, um ihre Interessen durchzusetzen. Deshalb sei es die Hauptaufgabe der Erwachsenen, dafür zu sorgen, dass Kinder alles bekommen, was sie brauchen.

Im ersten Teil des Gedichts werden scheinbar wahllos alle möglichen Dinge aufgezählt. Bei genauer Betrachtung ist aber doch eine gewisse Ordnung zu erkennen: Am Anfang wendet sich der lyrische Sprecher dem neugeborenen Kind und seinem unmittelbaren Umfeld zu, dann öffnet er auch den Blick für die nähere und weitere Umgebung und am Schluss äußert er sich sogar politisch, indem er für Kinder den Weltfrieden einfordert. Dass Kinder nicht Hunger leiden dürfen, ist im Grunde auch eine politische Forderung.

Eine Ordnung lässt sich auch in der Form des Gedichts erkennen. Zwar gibt es nur eine einzige Strophe, die ziemlich lang ist. Aber den Versen liegt ein klares Reimschema zugrunde: ein regelmäßiger Kreuzreim. Dadurch wirkt das Gedicht vom Klang her ruhig und gelassen – so, als wisse der lyrische Sprecher ganz genau, was er sagt.

Interessant ist eine Gegenüberstellung, die auf den ersten Blick etwas widersprüchlich klingt: Am Schluss heißt es zunächst: „Wenn ein Kind nichts davon hat, / kann's nicht menschlich werden" (V. 17/18). Danach wird gesagt: „Dass ein Kind das alles hat, / sind wir auf der Erden" (V. 19/20). Hier werden zwei Extreme gegenübergestellt: Zunächst wird gesagt, dass ein Kind, das <u>nichts</u> von dem hat, was es braucht, „nicht menschlich" (V. 18) werden könne, und danach heißt es, die Erwachsenen sollten dafür sorgen, dass ein Kind <u>alles</u> bekommt. Dass einem Kind keines seiner Bedürfnisse erfüllt wird, klingt unrealistisch. Man kann sich das eigentlich nur vorstellen, wenn man an die Armut in bestimmten Entwicklungsländern denkt. Aber auch, dass einem Kind alle seine Bedürfnisse erfüllt werden, klingt nicht realistisch, selbst nicht für die Kinder in unserer Wohlstandsgesellschaft. Offensichtlich ist hier ein Ideal gemeint, das angestrebt werden sollte, aber wahrscheinlich nie erreicht werden wird.

Für den lyrischen Sprecher hat das Wohlbefinden von Kindern offensichtlich einen großen Stellenwert. Er scheint der Meinung zu sein, dass jeder Erwachsene den Sinn seines Lebens darin sehen sollte, sich für das Wohlergehen von Kindern einzusetzen. Dahinter steckt wohl die Idee, dass es nur so gelingen kann, die Zustände auf der Welt zu verbessern. Denn nach Ansicht des lyrischen Sprechers werden Kinder, die zu viel entbehren müssen, „unmenschlich". Für Kinder, deren Bedürfnisse weitgehend erfüllt werden, dürfte demnach das Gegenteil gelten: Sie werden „menschlich". Und je mehr Kinder entsprechend ihren Bedürfnissen aufwachsen können, desto „menschlicher" wird es in unserer Welt zugehen.

Übung 35

⁄ **Hinweis:** *Beziehe dich bei jeder Eigenschaft, die du nennst, auf den Text. Es gibt zwei Möglichkeiten, sich auf einen Text zu beziehen: das wörtliche Zitat und die Wiedergabe eines Inhalts mit eigenen Worten. Am besten ist es, wenn du wechselweise beide Möglichkeiten benutzt; dann wirkt die Darstellung deines Textes nicht monoton.*

Elsa ist eine junge Frau im Alter von 20 Jahren. Sie ist berufstätig und verdient ihr eigenes Geld, lebt aber noch bei ihrer Mutter. Ihr Vater ist bereits verstorben.

Einleitung
Vorstellen der Person

Das Zusammenleben mit ihrer Mutter stört Elsa zunehmend. Das liegt daran, dass sich die Mutter seit dem Tod des Vaters allein fühlt und immer wieder versucht, sich ihrer Tochter zu nähern, um mit ihr sprechen zu können. Elsa findet diese regelmäßigen Kontaktversuche aufdringlich (vgl. Z. 14).

Hauptteil
Grundproblem: Zusammenleben mit der Mutter → Überleitung zur eigentlichen Charakterbeschreibung

Allerdings ist die junge Frau sehr beherrscht. Sie versucht, ihren Unwillen nicht zu zeigen. Obwohl sie sich darüber ärgert, wenn ihre Mutter regelmäßig ins Badezimmer kommt und sie stört, sagt sie nichts über ihre innere Wut. Stattdessen zieht sie sich zurück: Unter dem Vorwand, es sei im Badezimmer zu eng (vgl. Z. 21), verlässt sie den Raum und geht in ihr Zimmer. Dabei bemüht sie sich darum, sich ihren Ärger nicht anmerken zu lassen: „‚Komm, ich mach dir Platz‘, sagte sie zu ihrer Mutter und lächelte ihr zu.“ (Z. 17/18)

Eigenschaften: ist beherrscht, lässt sich Ärger nicht anmerken

Im Umgang mit ihrer Mutter ist Elsa nicht aufrichtig. Statt ihr zu sagen, dass es sie aufregt, wenn die Mutter immer wieder versucht, sich ihr zu nähern, reißt sie sich zusammen und bemüht sich darum, freundlich und rücksichtsvoll zu sein. Das zehrt an ihren Nerven (vgl. Z. 14). So schafft sie es nicht, durch ein offenes Gespräch ihre Situation zu verbessern.

ist nicht aufrichtig

Stets tritt sie die Flucht an („Elsa floh.“, Z. 84). Weil sie glaubt, die aufdringliche Anhänglichkeit ihrer Mutter nicht länger ertragen zu können („Kein einziges Mal würde sie sich mehr beherrschen können, wenn ihre Mutter zu ihr ins Bad kommen würde [...]“, Z. 68–71), möchte sie ausziehen. Deshalb verlässt sie eines Nachmittags spontan das Haus, mit dem Ziel, sich eine eigene Wohnung zu suchen.

tritt stets den Rückzug/die Flucht an, möchte von zu Hause ausziehen

In Bezug auf diesen Plan vermeidet sie jede Auseinandersetzung mit ihrer Mutter, denn sie verlässt das Haus stillschweigend, ohne sich zu verabschieden, wahrscheinlich, um nicht sagen zu müssen, was sie vorhat.

vermeidet jede Auseinandersetzung mit der Mutter

Allerdings geht sie bei der Wohnungssuche ziemlich planlos vor. Sie fährt einfach mit der Straßenbahn „in die Stadt,
in die Gegend der Post" (Z. 41/42), weil sie „einmal gehört"
(Z. 44) hat, dass es dort eine Wohnungsvermittlung geben
soll. Ihr wird schnell klar, dass es besser gewesen wäre,
wenn sie sich die genaue Adresse aus dem Telefonbuch
herausgesucht hätte (vgl. Z. 44/45). Als sie die Wohnungsvermittlung trotz einiger Nachfragen nicht findet,
kehrt sie nicht nach Hause zurück, sondern läuft noch
einige Stunden in der Stadt umher, ohne ein eigentliches
Ziel: „Sie trieb mit. Sie betrachtete Kinoreklamen" (Z. 60/
61). Erst spät am Abend kehrt sie zurück, in der Hoffnung,
dass ihre Mutter dann schon schläft und sie nicht mehr mit
ihr reden muss (vgl. Z. 63–65).

geht dabei planlos vor

kehrt erst spät abends zurück, um der Mutter nicht mehr zu begegnen

Ihre mangelnde Offenheit im Umgang mit ihrer Mutter ist
darauf zurückzuführen, dass Elsa durchaus in der Lage ist,
sich in sie hineinzufühlen. Sie weiß, dass ihre Mutter seit
dem Tod des Vaters unter dem Alleinsein leidet, und ihr ist
auch bewusst, dass sie „alt und oft krank" (Z. 92/93) ist.
Insofern bemitleidet sie ihre Mutter.

Grund für die mangelnde Offenheit: Elsa hat Mitleid mit der Mutter

Ihr Mitgefühl hindert sie nicht nur daran, mit der Mutter
ein offenes Gespräch zu führen. Diese Charaktereigenschaft
wird sie auch davon abhalten, ihren Plan zu verwirklichen
und sich eine eigene Wohnung zu suchen. Nicht ohne
Grund ist sie nach ihrer Rückkehr so verzweifelt, dass sie
„schreien" (Z. 94) will. Auch die Überschrift zeigt an, dass
der Gedanke an den Auszug sie nur für kurze „Augenblicke" überfällt. Danach wird es weitergehen wie vorher.

Folge: wird ihren Plan, von zu Hause auszu-ziehen, nicht verwirklichen

Wenn es Elsa nicht gelingt, sich zu mehr Offenheit durch-
zuringen, wird sie es nie schaffen, die Konflikte mit ihrer
Mutter zu bereinigen. Aber ihre beherrschte, zurückhaltende Art dürfte sich nicht nur auf das Zusammenleben
mit der Mutter auswirken. Auch im Umgang mit anderen
Menschen, z. B. mit Arbeitskollegen oder mit einem Part-
ner, wird sie stets Schwierigkeiten haben, ihre Interessen
durchzusetzen. Wenn sie ihr Verhalten nicht ändert, wird
sie kein gelingendes Leben führen können.

Schluss
Ergebnis und weiter-führende Überlegun-gen: beherrschte, zurückhaltende Art problematisch, nicht nur im Umgang mit der Mutter

Übung 36

Die Erfahrungen, die man im Betriebspraktikum macht, sind nicht geeignet, dem Praktikanten einen Einblick ins Berufsleben zu ermöglichen.
→ *Behauptung/ These*

Der Chef und die anderen Mitarbeiter werden einem Praktikanten kaum anspruchsvolle, interessante Aufgaben zuweisen. Wahrscheinlich werden sie ihm nur Dinge zu tun geben, bei denen nichts schiefgehen kann. Andernfalls müssten sie sich sehr viel Mühe geben, um ihn einzuweisen, und dazu fehlt ihnen sicher die Zeit.
→ *Begründung (Teil 1)*

Vielleicht fordern sie den Praktikanten deshalb auf, zwischendurch den Fußboden zu fegen. Oder er wird gebeten, für die Frühstückspause Kaffee zu kochen. Und in der übrigen Zeit steht er tatenlos herum und sieht den anderen beim Arbeiten zu.
→ *Beispiel*

Was für Erfahrungen kann man dabei machen? Neu sind diese jedenfalls nicht, denn Fegen und Kaffeekochen kennt man schon von zu Hause. Solange ein Praktikant nur nebensächliche Aufgaben erledigt oder anderen beim Arbeiten zusieht, wird er kaum etwas hinzulernen. Eigentlich ist seine Anwesenheit in dem Betrieb dann nur Zeitverschwendung.
→ *Begründung (Teil 2)*

Einen Einblick ins Berufsleben bekommt er so nicht.
→ *Fazit: Bekräftigung der These*

Übung 37

1.	Stichpunkt	Begründung für die Auswahl
	Nr. 3	Lernen mit praktischen Erfahrungen verbinden zu können ist sinnvoll, muss die Schulleiterin überzeugen
	Nr. 1	Schulleiterin könnte Sinn der Aktion infrage stellen, weil die Summe, die dabei von der Klasse erzielt wird, nicht allzu hoch sein dürfte; Hinweis auf Teilnahme vieler anderer Schulen: Gesamtsumme beträchtlich → Teilnahme doch sinnvoll
	Nr. 11	in den Medien häufig Diskussion über fehlende Werte bei Jugendlichen → Hilfsbereitschaft sollte unterstützt werden

2. mögliches Gegenargument: Nr. 5

3. ✒ **Hinweis:** *Solltest du andere Stichpunkte gewählt haben, um deine Argumente auszuformulieren, so wäre das nicht falsch. Entscheidend ist, dass du deine Thesen gut begründest und möglichst auch mithilfe von Beispielen veranschaulichst. Nenne als Erstes den Anlass, der dich dazu bringt, deine Meinung in Form eines Briefes aufzuschreiben. Achte beim Schreiben des Hauptteils darauf, dass du deine Argumente nicht einfach nur aufzählst, sondern sie auch miteinander verknüpfst. Am Schluss solltest du unbedingt noch einmal dein Anliegen klar zum Ausdruck bringen.*

Sehr geehrte Frau ...,

dass Sie gegen den Wunsch unserer Klasse, am Aktionstag für Afrika teilzunehmen, Bedenken haben, hat uns alle sehr enttäuscht. Als Klassensprecher möchte ich Ihnen deshalb noch einmal genau darlegen, warum wir es richtig fänden, dabei mitzumachen.

Anrede

Einleitung
Grund des Schreibens und Meinung

Wie Sie wissen, haben wir im Ethikunterricht gerade das Thema „Armut in der Dritten Welt" behandelt. Die Texte, die wir dazu gelesen haben, und die Filme, die wir gesehen haben, waren sehr bewegend und interessant.

Argument 1
Hinweis auf Unterrichtsthema

Aber genügt das, um wirklich bleibende Erfahrungen und Kenntnisse zu erwerben? Wir finden, dass uns da etwas fehlt. Solange wir nur immer Informationen entgegennehmen, ohne selbst aktiv zu sein, hinterlassen Unterrichtsinhalte nur wenige Spuren in unserem Gedächtnis. Wir fänden es deshalb wichtig, auch einmal außerhalb der Schule tätig zu werden. Wir möchten selbst erfahren, was es bedeutet, acht Stunden lang zu arbeiten, um ein wenig Geld zu verdienen. Es wird wahrscheinlich nicht viel sein, was der Einzelne dabei verdienen kann. So kann jeder für sich hochrechnen, was für ein Monatslohn am Ende dabei herauskommen würde. Das könnte uns helfen, zumindest ein wenig zu verstehen, was es bedeutet, arm zu sein. Auf diese Weise würde der Unterricht im „Schonraum Schule" zumindest ein wenig durch praktische Erfahrungen bereichert.

These (hier als Frage formuliert): es genügt nicht, immer nur Texte zu lesen und Filme anzusehen

Begründung: wichtig, einmal außerhalb der Schule aktiv zu werden

Unterricht durch praktische Erfahrungen bereichern

Da uns das Problem der Armut in der Dritten Welt sehr berührt hat, möchten wir außerdem einen kleinen Beitrag dazu leisten, den Menschen dort zu helfen. Auch wenn die Summe, die wir durch eine eintägige Arbeit zusammenbekommen, vermutlich nicht sehr hoch sein wird, wäre dieses Geld doch ein Beitrag zur Hilfe. Im Übrigen wären wir ja nicht die einzige Klasse, die an diesem Aktionstag für Afrika teilnimmt. Es gibt in ganz Deutschland Schulen, die sich dafür engagieren – und das schon seit Jahren. Wenn man all die erzielten Beträge der verschiedenen Schulen zusammenrechnet, dürfte die Summe doch ganz beträchtlich sein. Unsere Teilnahme wäre also durchaus sinnvoll.

Im Ethikunterricht lernen wir u. a., dass es gut ist, anderen zu helfen; wenn wir dann tatsächlich helfen wollen, dürfen wir doch nicht daran gehindert werden! In den Medien hört man in letzter Zeit oft, dass die Jugendlichen keine Werte mehr haben, nur noch an sich denken, ständig vor dem Computer sitzen oder shoppen gehen und im schlimmsten Fall gewalttätig werden oder andere mobben. Nun zeigen wir, dass wir etwas tun wollen, um Menschen zu helfen, denen es schlecht geht. Sollte die Schule diese Bereitschaft nicht aufgreifen und unterstützen?

Sie sagen, die Teilnahme an diesem Aktionstag würde zu viel Organisation erfordern und Ihnen zusätzlich Arbeit bereiten, die Sie zurzeit nicht leisten können. Sie können aber davon ausgehen, dass wir alles, was dafür organisiert werden muss, selbst in die Hand nehmen. Das Einzige, was Sie merken werden, ist, dass alle Schüler einen Tag lang nicht in der Schule sein werden. Wir hoffen sehr, dass Sie Ihre ablehnende Haltung noch einmal überdenken und es uns doch ermöglichen, unser Vorhaben in die Tat umzusetzen.

Mit freundlichen Grüßen
(Dein Name)

Argument 2
These: Wunsch, Beitrag zu leisten, um Menschen in Afrika zu helfen

Begründung: Einnahmen der Klasse allein nur gering, aber Teilnahme vieler Schulen → beträchtliche Summe

Teilnahme sinnvoll

Argument 3
These: Wille zur Hilfsbereitschaft darf nicht behindert werden

Begründung: Hilfsbereitschaft sollte von der Schule unterstützt werden

Argument 4
Entkräften eines Gegenarguments: kein Entstehen von zusätzlicher Arbeit für die Schulleiterin

Schluss
Bekräftigung der Bitte

abschließender Gruß

Unterschrift

Übung 38

1. siehe Aufgabe 2a

2. a)

Ideen	+/–
(Autofahren macht Spaß)	
früher Erwerb des Führerscheins sinnvoll: Lernen in jungen Jahren leichter	+
Kosten für Eltern nicht zumutbar: teure Fahrstunden, nach Fahrprüfung weitere Kosten → Finanzierung unklar	–
Führerschein ohne spätere Fahrpraxis sinnlos → Gefahr, das Fahren wieder zu verlernen	–
weitere Kosten nach Führerscheinprüfung: eigenes Auto für Jugendliche unerschwinglich, steigende Benzinkosten → Fahrpraxis kaum möglich	–
in Städten gut ausgebautes Nahverkehrsnetz → Autofahren nicht nötig	–
durch Fahrstunden abgelenkt, Verpassen einiger Schulstunden: Sonderfahrten, z. B. Autobahnfahrt, Lernen für die theoretische Prüfung	–
Unabhängigkeit von den Eltern: Fahrten zum Sportverein, zu Abendveranstaltungen etc. → Führerschein für Jugendliche gut und sinnvoll	+
(Mit Führerschein Eindruck auf Freunde machen → steigert das Ansehen bei Gleichaltrigen)	
Möglichkeit, Eltern zu unterstützen: Besorgungen erledigen → früher Führerscheinerwerb auch gut für die Eltern	+

b)

PRO

Argument 1	Argument 2	Argument 3
These: *früher Erwerb des Führerscheins sinnvoll*	**These:** *Führerschein macht unabhängig*	**These:** *Führerscheinerwerb auch gut für Eltern*
Begründung: *Lernen in jungen Jahren leichter*	**Begründung:** *Entwicklung der Selbstständigkeit*	**Begründung:** *Unterstützung der Eltern möglich*
Beispiel: *Radfahren, Schwimmen: alles besser früh lernen*	**Beispiel:** *selbstständiges Fahren zum Sportverein etc.*	**Beispiel:** *Besorgungen erledigen (Getränkekästen)*

Führerschein mit 16 – eine gute Idee?

Argument 1	Argument 2	Argument 3
These: *Führerschein teuer, Kosten Eltern nicht zuzumuten*	**These:** *Schulleistungen evtl. gefährdet*	**These:** *Führerschein unnötig*
Begründung: *Führerschein ohne Fahrpraxis sinnlos*	**Begründung:** *keine volle Konzentration auf Schule*	**Begründung:** *gutes Nahverkehrsnetz in fast allen Städten*
Beispiel: *teure Fahrstunden, danach weitere Kosten (Benzin)*	**Beispiel:** *Lernen für Theorieprüfung, Versäumen von Schulstunden für Sonderfahrten*	**Beispiel:** *Möglichkeit, mit Bus und Bahn Ziel zu erreichen*

KONTRA

3. ✐ **Hinweis:** *Du könntest die einzelnen Argumente auch anders bewerten. Entscheidend ist, dass du jedes Argument so darstellst, dass der Leser daraus problemlos ableiten kann, für wie wichtig du es hältst.*

Einleitung	Hinführung zum Thema: in den USA Führerschein im Alter von 16 möglich: für deutsche Teenager verlockend → sinnvoll auch in Deutschland?

Hauptteil	**Gegenseite:**
	• wichtigstes Argument: Führerscheinerwerb teuer, Eltern kaum zuzumuten
	• weniger wichtiges Argument: Gefahr von schlechten Schulleistungen
	• unwichtigstes Argument: in Städten gut ausgebautes Nahverkehrsnetz
	  → früher Erwerb des Führerscheins unnötig
	eigene Seite:
	• unwichtigstes Argument: Wunsch der Jugendlichen nach Selbstständigkeit,
	  nach Unabhängigkeit von den Eltern
	• etwas wichtigeres Argument: Unterstützung der Eltern möglich (Besorgungen mit dem Auto erledigen)
	• wichtigstes Argument: Lernen fällt in jungen Jahren leichter

Schluss	Fazit – deine eigene Meinung als Ergebnis der Argumentation: früherer Erwerb des Führerscheins gut, Senkung der Altersgrenze ein Gewinn an Freiheit

4. ✐ **Hinweis:** *Versuche, Zusammenhänge zwischen den einzelnen Argumenten herzustellen. Bemühe dich, bei jedem Argument passende Beispiele einzufügen und diese auch anschaulich darzustellen.*

In den USA ist es üblich, dass Jugendliche schon im Alter von 16 Jahren den Führerschein machen. Für deutsche Teenager klingt das verlockend. Viele Jungen und Mädchen hierzulande würden sich wünschen, auch schon so früh die Fahrerlaubnis zu bekommen. Aber wäre das tatsächlich sinnvoll und richtig?

Einleitung
Hinführung zum Thema

Immerhin sind Fahrstunden sehr teuer. Bis man die Prüfung bestanden hat, muss man schon mit Ausgaben von rund 2 000 Euro rechnen. Und damit allein wäre es nicht getan: Anschließend entstehen ja noch weitere Kosten. Beispielsweise bräuchte man ein eigenes Auto, um genügend Fahrpraxis zu bekommen. Bei den steigenden Benzinpreisen und den Kosten für Steuern und Versicherung wäre das kaum zu bezahlen. Ohnehin ist

Hauptteil
1. Kontra-Argument
These (Teil 1): hohe Kosten
Begründung: weitere Kosten nach Prüfung
Beispiel: eigenes Auto, steigende Benzinpreise

es fraglich, ob den Eltern das zuzumuten ist. Schließlich wären sie diejenigen, die dafür aufkommen müssten, und eigentlich kann man das gar nicht von ihnen verlangen.

These (Teil 2): Eltern nicht zuzumuten

Außerdem besteht die Gefahr, dass man in den Schulleistungen nachlässt, weil man während der Zeit der Fahrstunden abgelenkt ist und andere Schwerpunkte setzt. Es kann sein, dass man sich mehr auf das Lernen für die theoretische Fahrprüfung als für Klassenarbeiten konzentriert. Hinzu kommt, dass man auch einige Schulstunden versäumen würde, denn es gibt Fahrstunden, auf deren Termine man keinen Einfluss hat, z. B. bei Sonderfahrten wie der Autobahnfahrt. Auch bei der Terminfestsetzung für die Fahrprüfung wird keine Rücksicht auf den Stundenplan der Schule genommen. Gerade im letzten Schuljahr sollten sich die Schüler aber eher darum bemühen, einen guten Schulabschluss zu erreichen. Für den Erwerb des Führerscheins ist nach der Schule immer noch Zeit.

2. Kontra-Argument
These: Gefahr, in den Schulleistungen nachzulassen
Begründung: abgelenkt, Versäumen einzelner Schulstunden
Beispiel: Lernen für theoretische Prüfung, kein Einfluss bei Terminen für Sonderfahrten

Im Übrigen stellt sich die Frage, ob es wirklich nötig ist, schon so früh den Führerschein zu haben. Es stehen doch genügend andere Transportmittel zur Verfügung. Zumindest in den Städten ist das Netz des öffentlichen Nahverkehrs so gut ausgebaut, dass man gar kein Problem haben dürfte, seine Ziele zu erreichen. Nur Jugendliche, die auf dem Land wohnen, könnten damit Schwierigkeiten bekommen. Aber auch dort gibt es Busse, die einen in die nächste Stadt befördern. Die meisten Jugendlichen besitzen außerdem ein Fahrrad, sodass sie schon deshalb mobil genug sind. Und notfalls springen ja auch die Eltern als Fahrdienst ein.

3. Kontra-Argument
These: früher Führerscheinerwerb unnötig
Begründung: andere Transportmittel zur Verfügung
Beispiel: Busse und Bahnen, Fahrrad, Eltern

Allerdings fühlt man sich als Jugendlicher im Alter von 16 Jahren eigentlich schon zu alt dafür, ständig von den Eltern umherkutschiert zu werden. Man möchte schließlich selbstständig werden und von ihnen unabhängig sein. Auch sollte man Rücksicht auf seine Eltern nehmen. Vielleicht gefällt es ihnen ja gar nicht, ständig

1. Pro-Argument
These: Wunsch nach Unabhängigkeit
Begründung: Rücksichtnahme auf Eltern

Absprachen darüber zu halten, an welchen Tagen der Sohn oder die Tochter zum Sportverein oder zur Disco gefahren werden muss. Sie müssten dann ihren Terminkalender nach den Verabredungen ihrer Kinder ausrichten. Da wäre es doch wohl für beide Seiten von Vorteil, wenn der Erwerb des Führerscheins schon früher erfolgen könnte.

Beispiel: Fahrten zum Sportverein, zur Disco

Für die Eltern wäre es sicher hin und wieder sogar von Nutzen, wenn ihr Kind sich schon ab dem Alter von 16 Jahren hinters Steuer setzen dürfte. Der Sohn oder die Tochter könnte sie dann im Alltag ein wenig unterstützen. Beispielsweise könnte er oder sie des Öfteren Besorgungen für die Eltern erledigen, z. B. das Einkaufen von Getränkekästen. Auf diese Weise könnte man seinen Eltern auch zeigen, wie sehr man es schätzt, dass sie einem den Führerschein finanziert haben.

2. Pro-Argument
These: Unterstützung der Eltern möglich
Begründung: gelegentliche Besorgungen
Beispiel: Getränke holen

Vor allem aber ist bekannt, dass man gerade in jungen Jahren besonders gut lernen kann. Nicht ohne Grund gibt es dafür seit Langem ein Sprichwort: „Früh übt sich, was ein Meister werden will." So gesehen, wäre es doch gut, wenn Jugendliche den Führerschein so früh wie möglich machen könnten. Sie würden das Autofahren dann zu einem Zeitpunkt lernen, zu dem es ihnen leichtfällt. Man lernt ja auch das Schwimmen oder Radfahren nicht erst im Alter von 20 oder 30 Jahren.

3. Pro-Argument
These: Lernen in jungen Jahren leichter
Begründung: Autofahren zu einem Zeitpunkt lernen, zu dem es leichtfällt
Beispiel: Schwimmen/ Radfahren wird auch früh erlernt

Alles in allem bin ich also doch dafür, die Altersgrenze für den Erwerb des Führerscheins herabzusetzen. Zumindest sollte uns Jugendlichen die Möglichkeit eingeräumt werden, schon so früh wie möglich die Führerscheinprüfung abzulegen. Dadurch wäre ja niemand verpflichtet, sich gleich im Alter von 15 Jahren bei einer Fahrschule anzumelden. Es würde jedem freistehen, ob er im Alltag weiter mit Bus und Bahn fährt oder nicht. Aber allein die Möglichkeit zu haben, früh das Autofahren zu lernen, wäre schon ein Gewinn an Freiheit. Ich jedenfalls wäre froh, wenn ich diese Wahl hätte.

Schluss
Fazit: Befürworten des frühen Führerscheinerwerbs

Übung 39

	Inhalte	Zugehörige Informationen	Material
Einleitung	Problem	Schultoilette in einem miserablen Zustand, wie an vielen anderen Schulen auch; Schüler ekeln sich, meiden in der Schule den Gang zur Toilette	M 1, M 2, M 3, M 5
Hauptteil	Maßnahmen an anderen Schulen	• Grundschule in Wittenberg: Schüler müssen eigenes Toilettenpapier mitbringen, Maßnahme befristet • Gesamtschule in Bielefeld: Schüler können zwischen normalen und Bezahltoiletten wählen. • Gesamtschule in Rheine: Einstellung von zwei Reinigungskräften, Schüler/Eltern müssen dafür jährlich 15 Euro bezahlen • Berliner Gesamtschule: Renovierung der Schultoiletten durch Schüler, finanziell unterstützt durch Bezirksamt	M 2 M 5
	Erfahrungen an anderen Schulen	bei den meisten Maßnahmen unklar; Berliner Gesamtschule als Ausnahme: Schülern gefallen die neuen Toiletten, wollen nicht, dass sie wieder verunstaltet werden, achten darauf, dass niemand neue Schmierereien anbringt	M 1, M 2, M 3, M 5
Schluss	Maßnahmen, die sich für deine Schule eignen würden	Renovierung in Eigenregie! kostet zwar Geld, könnte aber durch Spenden finanziert werden, evtl. auch durch Zuschüsse vom Bezirk	Bezugnahme auf M 5

✦ **Hinweis:** Bedenke, für wen du schreibst: in erster Linie für deine Mitschüler! Gestalte deinen Text also so, dass sie sich dadurch angesprochen fühlen. Du kannst zwischendurch ruhig auch Fragen an deine Leser stellen; das aktiviert sie und wirkt interessant. Auch darfst du hin und wieder (nicht zu oft!) umgangssprachliche Wörter verwenden, um den Text glaubwürdig erscheinen zu lassen.

Geht ihr an unserer Schule in der Pause gern zur Toilette? Nein? Dann denkt ihr genauso, wie die Schüler an vielen anderen Schulen auch. Eine Umfrage unter Elternbeiräten an mehr als tausend Schulen hat ergeben, dass an fast jeder fünften Schule über mangelnde Sauberkeit in den Toiletten geklagt wird. So ist es ja auch bei uns: Klobrillen fehlen

Einleitung

schlechter Zustand der Schultoiletten, Verweis auf andere Schulen ganz oder sind zerbrochen, Seife gibt es nicht, und Toiletenpapier fehlt meist auch. Darüber hinaus sind die Wände von oben bis unten verschmiert. Und außerdem stinkt es zum Himmel. Das kann doch nicht so bleiben, oder?

Aufforderung, etwas zu ändern

Ich habe mal ein bisschen im Internet recherchiert, um herauszufinden, wie andere Schulen mit dem Problem umgehen. Oft wird der katastrophale Zustand einfach hingenommen, so wie bei uns. Jedenfalls ist es erstaunlich, dass man im Internet kaum Einträge darüber findet, welche Maßnahmen ergriffen werden, um die hygienischen Zustände in den Toiletten zu verbessern. Aber an einigen Schulen wird offenbar doch etwas unternommen:

Hauptteil, Teil 1
Maßnahmen an anderen Schulen:
oft wird Zustand wohl einfach hingenommen

An einer Grundschule in Wittenberg hat die Schulleiterin beschlossen, dass die Schüler für eine Weile ihr eigenes Klopapier mitbringen müssen, weil die Abflüsse ständig verstopft waren; das hat sie den Eltern schriftlich mitgeteilt. Bei uns wäre so ein Beschluss überflüssig, denn wir wissen ja, dass sowieso kein Toilettenpapier nachgelegt wird, wenn es ausgegangen ist.

Grundschule in Wittenberg: Schüler müssen Toilettenpapier selbst mitbringen

An einer Gesamtschule in Bielefeld müssen die Schüler für den Gang auf eine saubere Toilette bezahlen. Die kommen sich bestimmt vor wie in einem Bahnhof, wo man erst einmal fünfzig Cent in einen Schlitz stecken muss, ehe man die Kabinentür öffnen kann.

Gesamtschule in Bielefeld: Schüler müssen für den Gang auf eine saubere Toilette bezahlen

An einer Gesamtschule in Rheine wurden zwei Reinigungskräfte eingestellt, die in den Toiletten für Sauberkeit sorgen sollen; für deren Bezahlung muss jeder Schüler pro Jahr 15 Euro abdrücken.

Gesamtschule in Rheine: Einstellung zweier Reinigungskräfte, bezahlt von Schülern/Eltern

Einen ganz anderen Weg hat eine Berliner Gesamtschule beschritten: Dort hat man der zuständigen Schulrätin mehrmals den schrecklichen Zustand der Toiletten gezeigt, was sie offenbar ziemlich schockiert hat. Daraufhin ist es zu dieser Aktion gekommen: Unter der Federführung einer Lehrerin haben die Schüler in Eigenregie ihre Toiletten renoviert und verschönert. Geld dafür gab es vom Bezirksamt, nachdem sich die Schulrätin dafür eingesetzt hatte. Das Ergebnis: Die Toiletten sind jetzt nicht nur blitzblank,

Berliner Gesamtschule: Schüler haben Toiletten selbst renoviert und verschönert

Toiletten jetzt sauber und hübsch

sondern sehen auch noch hübsch aus. In einer Toilette wurden die Wände z. B. mit Rosen bemalt, in einer anderen wurden die Klobrillen mit Bildern von Fischen oder Fußbällen dekoriert.

Welche Erfahrungen Schulen gemacht haben, die Zwangsmaßnahmen ergriffen haben (Vorenthalten von Toilettenpapier, Bezahlklos), konnte ich nicht in Erfahrung bringen.

Hauptteil, Teil 2
Erfahrungen an anderen Schulen: unklar

Wie die Reaktionen auf die von Schülern selbst renovierten Toiletten an der Berliner Gesamtschule waren, kann ich euch aber sagen: Sowohl die Jungen als auch die Mädchen waren begeistert. Sie finden ihre Schulklos jetzt „süß" und „chillig" und wollen unbedingt erreichen, dass sie auch so schön bleiben. Alle achten darauf, dass niemand etwas an die Wände schmiert, und wenn es doch einmal vorkommt, ist der Übeltäter meist schnell entdeckt und muss seine Schmierereien wieder beseitigen.

Berliner Gesamtschule: Schüler sind begeistert, achten darauf, dass alles schön bleibt

Wenn ihr mich fragt: Ich finde, wir sollten diese Idee aufgreifen. Mir scheint, das ist der einzige Weg, um die Schulklo-Misere in den Griff zu bekommen. Das Geld für die Farben kriegen wir schon irgendwie zusammen, vielleicht durch Spenden von Eltern oder durch Zuschüsse vom Bezirk. Was haltet ihr davon? Es erfordert eigentlich nichts weiter als ein bisschen Farbe und Tatkraft – und einen Lehrer, der uns unterstützt. Den habe ich übrigens schon gefunden: Herr Kümmerling hat zugesichert, dass er uns hilft. Meiner Meinung nach sollten wir das möglichst schnell in Angriff nehmen, am besten während einer Projektwoche kurz vor den Sommerferien. Da läuft im Unterricht sowieso nicht mehr viel, weil die Noten schon feststehen. Also: Wer würde mitmachen? Bitte meldet euch schnell bei mir!

Schluss
Vorschlag: Idee der Berliner Gesamtschule aufgreifen; Geldfrage lösbar

Lehrer als Projektbetreuer bereits gefunden

Projektwoche kurz vor den Sommerferien

Appell an teilnahmebereite Schüler, sich zu melden

(Dein Name, Angabe der Klasse)

Genutzte Materialien: M 1, M 2, M 3, M 5

Übung 40

✦ Hinweis: In jedem Abschnitt äußerst du dich entsprechend den Teilaufgaben zu einem bestimmten Aspekt des Themas: Bedenke, dass alle Abschnitte am Ende einen zusammenhängenden Text ergeben sollen. Achte also darauf, die einzelnen Absätze mit passenden Überleitungen zu verbinden.

In den Materialien geht es um Social Bots. Social Bots sind Computerprogramme, die im Internet menschliche Aktivitäten nachahmen.

Gemeinsames Thema
Social Bots

In ihrem Artikel „Social Bots – darauf müsst ihr bei Twitter & Co. achten" macht Selim Baykara Internet-Nutzer auf die Gefahren von Social Bots aufmerksam. Das Wort „Bot" ist eine Abkürzung für „Roboter", und der Zusatz „Social" verweist darauf, dass sie in sozialen Netzwerken aktiv sind. Die Verfasserin erklärt, dass Social Bots Beiträge im Internet liken, sharen, retweeten und sogar kommentieren können. Auch folgen sie anderen Nutzern oder greifen Hashtags auf, die gerade aktuell sind. Auf diese Weise können sie die Stimmung im Internet und die Meinungsbildung von Nutzern beeinflussen. Es gebe aber einige Hinweise, an denen man erkennen könne, dass im Hintergrund ein Social Bot aktiv sei, erklärt Selim Baykara: Ein fehlendes Foto im Profil oder unglaubwürdige Angaben zur Biografie passen z. B. nicht zu einem normalen User. Und wer sehr viele Tweets sendet, aber nur wenige Follower hat, ist wahrscheinlich auch ein Roboter, denn bei menschlichen Nutzern ist es in der Regel umgekehrt.

Zusammenfassung
von M 1
Erklärung des Begriffs „Social Bots"

Aktivitäten von Bots: liken, sharen, retweeten, kommentieren

Gefahren von Social Bots: beeinflussen die Meinungsbildung

Hinweise auf Bots:
fehlendes Foto

Absenden vieler Tweets bei wenigen Followern

In dem Text „Chatbot gegen Fake News" von Nora Belghaus geht es um eine Sonderform von Social Bots, die sogenannten Chatbots. Wie der Name schon sagt, kann man mit ihnen chatten, also im Internet kommunizieren. Die Verfasserin erläutert, wie ein Chatbot namens Novi von ARD und ZDF eingesetzt wird: Er sendet Nachrichten, beantwortet Fragen der Nutzer und kann bei Bedarf zu aktuellen Themen, wie z. B. dem „Brexit", Infokästen einblenden. Die beiden Fernsehsender verfolgen mit dem Einsatz des Chatbots ein bestimmtes Ziel: Sie wollen gegen Falsch-

Zusammenfassung
von M 3
Chatbot als Sonderform von Social Bots

Chatbot Novi sendet Nachrichten und beantwortet Fragen

meldungen – sogenannte Fake News – vorgehen. Außerdem möchten sie Diskussionen zu strittigen Themen, wie z. B. Rassismus oder Sexismus, anregen.

Ziel: Vorgehen gegen Falschmeldungen

In M 1 wird vor möglichen Gefahren, die von Social Bots ausgehen, gewarnt. Weil es ihnen möglich ist, in Sekundenschnelle eine große Anzahl von Tweets zu versenden, können sie die Diskussion im Internet leicht auf bestimmte Themen lenken und so bestimmen, über was geredet wird. In dem Material wird auch darauf hingewiesen, dass Social Bots durch das Absetzen vieler beleidigender Kommentare einzelnen Nutzern erheblichen Schaden zufügen können.

Vergleich von Social Bots und Chatbot Novi

Social Bots steuern Diskussionsthemen im Internet

können einzelnen Nutzern großen Schaden zufügen

In M 3 wird hingegen dargestellt, wie Roboter im Internet sinnvoll eingesetzt werden können. Der Chatbot Novi gibt sich im Vergleich zu anderen Social Bots von Anfang an als Roboter zu erkennen. Er dient als zuverlässige Informationsquelle und leistet so einen positiven Beitrag zur Aufklärungsarbeit im Internet.

Chatbot Novi gibt sich als Roboter zu erkennen

leistet positiven Beitrag zur Aufklärungsarbeit

Social Bots können für unsere Gesellschaft eine ernste Gefahr darstellen. Das verdeutlicht auch das Schaubild aus M 2: Es sind vor allem extreme Ansichten, die durch sie verbreitet werden, wodurch Internetnutzer mit radikalen Einstellungen Bestätigung finden. Dagegen kann der von ARD und ZDF eingesetzte Chatbot leider kaum etwas ausrichten, wie die geringe Zahl der Nutzer zeigt: Sie bewegt sich nur im vierstelligen Bereich. Wer sich in einem sozialen Netzwerk bewegt, sollte also auf jeden Fall wissen, dass dort neben menschlichen Usern auch Roboter aktiv sind. Immerhin gibt es Anzeichen, die den informierten Nutzer misstrauisch machen können. Man muss sie nur kennen – und auch beachten.

Bewertung der Aktivitäten

Social Bots: Gefahr für User

Chatbot Novi erreicht nur wenige Nutzer

Übung 41

✒ **Hinweis:** *Schildere als Erstes den Ablauf des Tages. Dabei solltest du an geeigneten Stellen schon Elsas Gefühle zum Ausdruck bringen. Am Schluss schreibst du, welche Gedanken ihr durch den Kopf gehen. Wichtig ist, dass du dich an den Textinhalten orientierst. Du darfst also nichts hinzuerfinden, das sich nicht aus dem Text ableiten lässt. Gelegentliche Verwendung von umgangssprachlichen Ausdrücken ist erlaubt. Das Tagebuch ist ja nur für den Schreiber selbst gedacht.*

Liebes Tagebuch,

heute war es wieder schrecklich mit Mutter. Ich stand gerade im Badezimmer vor dem Spiegel, um mich zu schminken, als sie mal wieder hereinkam. Wie immer ganz zaghaft und vorsichtig. Dieses rücksichtsvolle Getue allein nervt mich schon! Angeblich musste sie sich bloß kurz die Hände waschen. Aber das war natürlich nur ein Vorwand! In Wirklichkeit wollte sie einfach mit mir reden. Ich fand das schrecklich und musste mich furchtbar beherrschen, um sie nicht anzuschreien. Zum Glück ist mir das auch gelungen. Ich glaube, ich habe sie sogar angelächelt und ihr gesagt, dass das Bad für uns beide zu eng sei. Dann bin ich in mein Zimmer gegangen.

Dort habe ich die Tür von innen zugemacht. Dabei habe ich noch lange die Klinke in der Hand gehalten, so als müsste ich das Zimmer verbarrikadieren. Das hat natürlich nichts genützt. Erstens konnte ich nicht ewig so stehen bleiben; also habe ich die Türklinke irgendwann doch losgelassen. Und zweitens kam sie dann trotzdem. Ich habe einfach so getan, als wäre ich mit dem Schminken schon fertig und müsste jetzt was erledigen. Deshalb habe ich mich an meinen Schreibtisch gesetzt und ihr vorgespielt, ich sei furchtbar beschäftigt. Da ging sie dann zum Glück wieder.

Ich halte das Zusammenleben mit Mutter wirklich nicht mehr aus. Am liebsten würde ich ausziehen. Ich bin ja alt genug, und mein eigenes Geld verdiene ich auch schon. Irgendwann habe ich einen günstigen Moment abgewartet und bin einfach abgehauen, ohne mich von Mutter zu verabschieden. Sonst hätte sie mir bestimmt wieder tausend Fragen gestellt: Wohin ich will? Was ich vorhabe? Ob sie nicht mitkommen kann? Ich kenne sie ja.

Ich habe die Tram genommen und bin in die Stadt gefahren, dorthin, wo die Post ist. Irgendwann hatte ich mal gehört, dass dort eine Wohnungsvermittlung sein soll. Leider habe ich sie nicht gefunden. Ich habe zwar noch einige Leute danach gefragt, aber niemand wusste, wo sie ist. Ich hätte doch im Telefonbuch nachsehen und mir die Adresse rausschreiben sollen. Na schön, dann suche ich mir eben gleich nach den Weihnachtsfeiertagen eine eigene Wohnung!

Zum Glück war Mutter schon im Bett, als ich heimkam. Ich setzte mich noch eine Weile in meinen Sessel, ohne Licht einzuschalten, und schaute durch die Fenster in die dunkle Nacht hinaus. Und jetzt packte mich erst richtig die Verzweiflung! Mir ging nun auch Mutters Situation noch einmal durch den Kopf. Seit Vaters Tod ist sie immer so allein. Ich bin der einzige Mensch, den sie noch hat. Außerdem ist sie schon alt, und sie ist auch oft krank. Da hat sie mir plötzlich leid getan. Wäre es wirklich richtig, auszuziehen?

Andererseits: Ich will auch mein Leben leben! Und Mutters aufdringliche Art geht mir einfach auf die Nerven. Ich halte das nicht mehr aus! Was soll ich bloß tun? Mit wem kann ich mal darüber reden?

Ich glaube, es hilft nichts: Ich muss mit Mutter reden. Es gibt keine andere Lösung. Vielleicht ändert sie ihr Verhalten ja doch, wenn ich ihr sage, wie sehr es mich stört, dass sie ständig hinter mir herschleicht. Schließlich: Woher soll sie eigentlich wissen, dass mir das nicht passt? Ich hoffe nur, dass ich das fertigbringe und nicht wieder einen Rückzieher mache ...

Übung 42

✒ **Hinweis:** Du solltest den Brief an die Mutter so schreiben, dass er vom Ton her zu Elsas Persönlichkeit passt. Wie schon beim Tagebucheintrag müssen sich die Inhalte, die du erwähnst, aus der Kurzgeschichte entnehmen lassen. Allerdings kannst du bestimmte Dinge ein wenig ausschmücken, z. B. Elsas Gedanken daran, dass die Mutter sie verwöhnt. Frage dich: Wie könnte diese Verwöhnung aussehen?

Ort, Datum

Liebe Mutter,

ich muss dir ein Geständnis machen: Gestern war ich so wütend auf dich, dass ich drauf und dran war, mir eine eigene Wohnung zu suchen. Wie du wohl gemerkt hast, bin ich irgendwann am Nachmittag einfach weggegangen. Eigentlich wollte ich eine Wohnungsvermittlung aufsuchen. Leider (oder zum Glück?) habe ich sie nicht gefunden. So war ich notgedrungen davor bewahrt, Hals über Kopf einen Schritt zu tun, den ich später vielleicht bereut hätte. Als ich zurückkam, lagst du schon im Bett. So hatte ich genügend Zeit und Ruhe, um nachzudenken.

Mutter, ich weiß sehr wohl, dass du mich liebst. Du verwöhnst mich auch, z. B. indem du mir regelmäßig mein Lieblingsessen kochst. Auch sorgst du dafür, dass meine Kleidung immer frisch gewaschen ist, und du machst sogar regelmäßig mein Zimmer sauber. Ich weiß das sehr wohl zu schätzen, auch wenn ich das fast nie sage.

Trotzdem fühle ich mich oft unwohl. Ich habe einfach das Gefühl, dass du mich wie ein kleines Kind behandelst. Dabei bin ich doch schon 20 Jahre alt, und ich bin auch schon berufstätig! Mein Eindruck ist, dass ich mich gar nicht frei entfalten kann, weil du dauernd hinter mir herläufst, um mit mir zu reden. Gestern war das mal wieder der Fall. Da kamst du ausgerechnet zu dem Zeitpunkt ins Bad, als ich gerade damit beschäftigt war, mich zurechtzumachen. Musste das denn sein? Du sagtest, du wolltest dir nur kurz die Hände waschen. Aber gibt es nicht auch in der Küche ein Waschbecken?

Mir ist klar, dass du dich seit Vaters Tod allein fühlst. Du hast praktisch keine Kontakte zu anderen Menschen mehr, nur zu mir. Doch ich frage mich auch: Warum ist das so? Als Vater noch lebte, hattet ihr doch auch Freunde und Bekannte. Warum triffst du dich nicht mehr mit ihnen? So ist es ja kein Wunder, dass du deine ganze Aufmerksamkeit auf mich richtest. Das gefällt mir aber nicht!

Gewiss, ich hätte dir seit Langem schon sagen sollen, dass ich das nicht mag. Ich weiß auch nicht, warum ich das nicht getan habe. Irgendwie habe ich es einfach nicht fertiggebracht, dir zu sagen, wie es mir geht, wenn du mich umsorgst wie eine Glucke ihr Küken. Ich glaube, ich hatte Angst vor dem Konflikt mit dir. Vielleicht hätte ich mich nicht beherrschen können, hätte mich womöglich im Ton vergriffen und dann wäre es zum Streit zwischen uns gekommen.

Jetzt aber denke ich, dass es wirklich Zeit für ein Gespräch ist. Ehe ich mir eine eigene Wohnung suche, sollten wir noch einmal miteinander reden. Vielleicht finden wir ja doch eine Lösung für unser Zusammenleben, mit der wir beide zufrieden sind. Ich wünsche mir das jedenfalls.

Was hältst du davon, wenn wir es uns am 1. Weihnachtstag nach dem Essen gemütlich machen und in Ruhe unsere Lage besprechen? Ich fände das schön!

Liebe Grüße
Deine Elsa

Übung 43

✦ **Hinweis:** Ein Leserbrief zu einem Zeitungsartikel ist keine Inhaltsangabe! Du musst dich zwar einerseits auf den Zeitungsartikel beziehen, andererseits musst du aber auch an den passenden Stellen deine Meinung dazu äußern und diese auch begründen. Zugleich muss es dir gelingen, deine Meinung auch ein wenig interessant darzustellen. Am besten solltest du hin und wieder auch ein bisschen provozieren. Andernfalls musst du davon ausgehen, dass dein Leserbrief, solltest du ihn tatsächlich an die Zeitung schicken, gleich im Papierkorb landet.

Als Schüler am Schulzentrum Bruchhausen-Vilsen habe ich Ihren Artikel „Mensa-Essen unter der Lupe" mit großem Interesse gelesen. Die Klagen über das Schulessen sind ja nicht neu, und ich wusste, dass einige Schüler und Eltern sich an den Syker Kurier gewendet hatten, in der Hoffnung, dass ein Redakteur sich die Misere ansieht (besser: ausprobiert) und dann darüber schreibt. Dass unsere örtliche Zeitung tatsächlich Interesse daran hat, über das Thema zu berichten, hat mich überrascht und zugleich gefreut. Herzlichen Dank dafür!

Einleitung
Bezugnahme auf Zeitungsartikel

Nun war ich natürlich gespannt auf den Bericht. Ich muss sagen: Genau so ist es! Das Essen schmeckt nach nichts; wahrscheinlich kennen die Köche außer Salz und Pfeffer keine anderen Gewürze. Und viele Speisen sind nicht einmal gesalzen, so fad schmecken sie. Die meisten Gerichte sind außerdem völlig verkocht und deshalb matschig. Und dass Vieles nicht frisch gekocht wird, sondern fast alles aus der Tüte kommt, ahnten wir schon. Daher ist es kein Wunder, dass nur zehn Prozent aller Schüler überhaupt an dem Mittagessen in der Schule teilnehmen.

Hauptteil
Bestätigung: Zeitungs-artikel stimmt, Essen ist schlecht

Ich finde es nicht in Ordnung, dass unser Schulzentrum mit so einem schlechten Essen beliefert wird. Gewiss, eine Mahlzeit kostet nur 2,20 Euro. Für so wenig Geld könne man keine „kulinarischen Hochgenüsse" erwarten, sagt die Küchenmeisterin. Aber so schlecht, wie es jetzt ist, müsste das Essen doch nicht sein. Man schaue sich nur einmal im Supermarkt nach den Preisen einzelner Lebensmittel um. Was kostet ein Beutel Möhren? Was kosten fünf Kilo Kartoffeln? Was kostet ein Ei? Ich kann Barbara Stadler nur zustimmen: Ein paar frisch gekochte Kartoffeln, dazu Kräu-

persönliche Meinung zum Essen in der Schulmensa

terquark – das schmeckt nicht schlecht und wäre überhaupt nicht teuer, also durchaus machbar.

Nun gut, jetzt hat also der Syker Kurier freundlicherweise über die Essensmisere am Schulzentrum Bruchhausen-Vilsen berichtet. Aber wie geht es weiter? Dass jetzt alle Leser darüber Bescheid wissen, wie schlecht das Essen hier ist, reicht nicht. Das Angebot muss besser werden! Aber wie? Mir ist nicht ganz klar, was nun geschehen müsste. Und darüber schweigt unsere Lokalzeitung ja auch.

Schluss
Frage: Wie geht es weiter?

Ich hätte gern auch etwas darüber gelesen, welche Lösungsvorschläge es gibt. Darüber erfährt man allerdings nichts. Kritisieren ist leicht. Das allein genügt aber nicht!

Lösungsvorschläge nötig

Übung 44

Hinweis: Versetze dich in die Lage des Schulleiters: Er wird die Idee strikt ablehnen, weil er denken wird, dass es nicht machbar ist, wenn die Eltern das Kochen übernehmen. Ziel deines Briefes muss es also nicht nur sein, ihn zu überzeugen, sondern du musst ihn auch beruhigen. Finde dafür den passenden Ton.

Ort, Datum

Briefkopf

Sehr geehrter Herr ...,

Anrede

als Schulsprecher fühle ich mich dazu verpflichtet, Sie darüber zu informieren, dass fast alle Schüler unserer Schule mit dem Mensaessen äußerst unzufrieden sind. Die Älteren gehen schon seit Langem gar nicht mehr hin, sondern verlassen in der Mittagspause das Schulgelände, um sich in einem Fast-Food-Restaurant etwas anderes zu essen zu holen. Und die Jüngeren stöhnen nur und geben ihre Teller halb voll wieder zurück.

Einleitung
Anlass des Schreibens: Mitteilung über die Unzufriedenheit mit dem Mensaessen

Wenn Sie zumindest hin und wieder in der Mensa essen gehen, dann müssten Sie eigentlich selbst gemerkt haben, dass die Gerichte, die dort serviert werden, sehr schlecht schmecken. Sie sind fad gewürzt und nur noch lauwarm. Außerdem ist das Gemüse in der Regel völlig verkocht, sodass es viel zu weich ist und wohl kaum noch Vitamine enthält. Eines steht fest: Ein solches Essen schmeckt uns nicht, und es ist auch bestimmt nicht gesund.

Hauptteil
Einzelheiten über die Mängel des Mittagessens

Letzte Woche haben wir uns auf einer Schülerversammlung u.a. über die Unzufriedenheit mit dem Schulessen ausgetauscht und darüber diskutiert, wie sich dessen Qualität verbessern ließe. In unseren Augen gibt es nur eine Möglichkeit: Sie kündigen dem Caterer und wir – genauer: die Eltern – kochen stattdessen!

Idee der Schüler: Caterer kündigen; Eltern kochen

Sie werden einwenden, dass das wohl kaum zu verwirklichen sei, weil nicht geklärt ist, welche Eltern bereit wären, für die Zubereitung des Essens zu sorgen. Außerdem denken Sie sicher, dass dadurch auf Sie zusätzliche Arbeit zukommen würde, weil das alles organisiert werden müsste.

mögliche Bedenken des Schulleiters: ungeklärt, wer das Kochen übernimmt, zusätzliche Arbeit durch Organisation

Aber ich kann Sie beruhigen: Wir haben schon mit den Elternvertretern gesprochen, und die haben uns bereits ihre Unterstützung zugesagt. Einige Väter und Mütter sind im Schichtdienst tätig; die hätten regelmäßig ein paar Wochen am Vormittag Zeit, um in der Schulküche zu kochen oder das Essen auszuteilen. Es gibt auch Mütter, die nur in Teilzeit arbeiten; auch die könnten uns helfen. Und einige Eltern sind zurzeit arbeitslos; diese würden sich freuen, wenn sie vormittags eine sinnvolle Aufgabe hätten. Die Organisation – also den Einkauf und die Terminplanung – würden die Eltern auch übernehmen. Es käme also keine zusätzliche Arbeit auf Sie zu; die Schule müsste nur die Schulküche zur Verfügung stellen.

Hinweis auf Unterstützung der Eltern

Voraussetzung ist natürlich, dass die Schulküche entsprechend ausgestattet wird. Im Moment ist es so, dass nur Schülergruppen darin kochen können. Es müssten wahrscheinlich einige zusätzliche Geräte und Kochgeschirr angeschafft werden. Auch Teller, Gläser und Bestecke für die Schüler müssten aufgestockt werden. Aber dieses Problem lässt sich lösen. Wenn jeder Schüler einen kleinen Betrag zahlt, würde das möglicherweise schon ausreichen, um die fehlenden Dinge anzuschaffen. Und vielleicht bekommen wir ja auch Spenden.

Voraussetzung: entsprechende Ausstattung der Schulküche

Vorschlag zur Problemlösung

Es sieht jedenfalls so aus, als ließe sich die Idee mit der Selbstversorgung durchaus lösen. Ich möchte Sie deshalb bitten, mit der Schülervertretung ein Gespräch darüber zu

Schluss

Bitte um Gespräch mit der Schülervertretung

führen. Wir erwarten zwar nicht, dass die Umsetzung von heute auf morgen erfolgt. Aber wir sollten rechtzeitig anfangen, darüber nachzudenken, wie sich unser Vorschlag in absehbarer Zeit verwirklichen lässt. Bitte nennen Sie mir möglichst rasch einen Termin für unser Gespräch.

Mit freundlichen Grüßen
(Dein Name)

Übung 45

Sehr geehrter[1] Herr Wolf,
Sie haben bestimmt schon mitbekommen[2], dass wir Schüler das Mensaessen unmöglich[3] finden. Es[4] ist zwar billig, aber es schmeckt uns überhaupt nicht[5]. Wahrscheinlich will der Lieferant vor allem viel Geld verdienen[6], indem er uns ein minderwertiges Essen anbietet, das[7] ihn nicht viel kostet. Ehrlich gesagt: Wir sind nicht mehr bereit, ein Essen zu akzeptieren[8], das offenbar in erster Linie den Interessen des Unternehmers dient. Er denkt wohl[9], dass er mit den[10] Einnahmen, die er durch uns erzielt[11], einen guten Gewinn machen kann[12]. Wir haben deshalb einen Vorschlag, wie man die Verpflegung der Schüler verbessern kann: Sie sollten den Vertrag mit dem Caterer kündigen[13]. Dann kochen wir[14] künftig selbst. Die Eltern haben uns schon ihre Unterstützung zugesagt.

Mit freundlichen Grüßen
(Dein Name)[15]

1 höfliche Anrede verwenden
2 „gepeilt" ist umgangssprachlich – möglich wäre auch: „erfahren"
3 umgangssprachliche Formulierung ersetzen
4 unnötige Wortwiederholung („das Mensaessen") vermeiden
5 umgangssprachliche Formulierung ersetzen
6 umgangssprachliche Formulierung ersetzen
7 umgangssprachliche Formulierung ersetzen
8 umgangssprachliche Formulierung ersetzen
9 unübersichtlichen „Bandwurmsatz" vermeiden, neuen Satz beginnen
10 unnötige Wortwiederholung („durch") vermeiden
11 „machen" durch treffendes Verb ersetzen
12 umgangssprachliche Formulierung ersetzen
13 umgangssprachliche Formulierung ersetzen
14 neuer Gedanke → neuer Satz
15 Schlussgruß und Unterschrift ergänzen

Übung 46

	mögliche Schwierigkeit	Beispiel
Wortanfang	f oder v?	Frage – Vater
	v oder w?	Vene – Wohnung
	f oder ph?	Faden – Phantom
	ch oder k?	Chor – Kabel
	t oder th?	Tür – Theater
Wortmitte	e oder ä?	Berge – Härte
	eu oder äu?	Beutel – Gehäuse
	i oder ie?	Gardine – Miete
	x – chs – ks oder cks?	Taxi – Wachs – links – Glücksfall
	mit oder ohne h?	lahm – Name
	mit oder ohne Doppelvokal?	Beet – beten
	mit oder ohne Doppelkonsonant?	hallen – halten
Wortende	b oder p?	Raub – top
	d oder t?	Wild – Welt
	g oder k?	Sarg – Park
	ch oder g?	endlich – nötig
	s – ss oder ß?	Gas – Guss – heiß

✏ **Hinweis:** *Nimm gegebenenfalls dein Wörterbuch zu Hilfe.*

Übung 47

a) betrügen: Betrüger, Betrug, betrogen

b) fehlen: Fehler, verfehlen, befehlen

c) Lob: loben, geloben, verlobt

d) wagen: Wagnis, waghalsig, Wagemut

✏ **Hinweis:** *Auch zusammengesetzte Wörter gehören einer Wortfamilie an, wenn ein Bestandteil den Wortstamm enthält.*

Übung 48

Wörter mit ...	Beispielwörter
kurzem Vokal und Doppelkonsonant	1. Überfall (Z. 3) 2. Waffe (Z. 4/5) 3. Mann (Z. 9, Z. 11) 4. Summe (Z. 10, Z. 13) 5. wollte (Z. 12) 6. Bitte (Z. 13) 7. nachgekommen (Z. 14)
ie	1. die (Z. 12, Z. 15) 2. dieser (Z. 13) 3. Dieb (Z. 14)
Dehnungs-h	1. ohne (Z. 7) 2. 21-Jährigen (Z. 10)
silbentrennendem h	1. bedrohte (Z. 3) 2. ausgehen (Z. 12)
ck	1. einzustecken (Z. 7/8)
tz	1. verdutzt (Z. 16)

🖊 **Hinweis:** *Das Wort „bedrohte" enthält kein Dehnungs-h, sondern ein h, das in der Grundform am Anfang der zweiten Silbe steht („bedro-hen").*

Übung 49

1. a) kran**k**   kränker   b) Wan**d**   Wände
   c) Her**d**   Herde   d) run**d**   runder
   e) Wir**t**   Wirte   f) Kor**b**   Körbe
   g) Ty**p**   Typen   h) har**t**   härter
   i) Gur**t**   Gurte   j) Ber**g**   Berge
   k) Fah**rt**   Fahrten   l) bun**t**   bunter

2. a) die H**äu**ser   Haus   b) k**äl**ter   kalt
   c) die D**e**cken   Decke   d) die B**eu**len   Beule
   e) er schl**ä**ft   schlafen   f) die K**e**rzen   Kerze
   g) die R**ä**nder   Rand   h) schl**e**chter   schlecht
   i) die Br**äu**che   Brauch   j) die F**ä**cher   Fach

3. ✔ **Hinweis:** *Bei der Verwandtschaftsprobe musst du oft die Wortart wechseln, z. B. zu einem Nomen ein Adjektiv aus dieser Wortfamilie suchen.*

a) he**rr**schen — Herr
b) ve**r**ächtlich — achten
c) Säure — sauer
d) Schwi**mm**bad — schwimmen
e) rä**u**chern — Rauch
f) Verräter — verraten
g) verfe**hl**en — Fehler
h) jährlich — Jahr
i) Härte — hart
j) verdächtig — Verdacht

Übung 50

Das hört man	Beispielwörter	
stimmhafter s-Laut	1. Reise	2. Faser
	3. niesen	4. Hose
stimmloser s-Laut, davor langer Vokal	1. stoßen	2. süß
	3. fließen	4. Gruß
stimmloser s-Laut, davor kurzer Vokal	1. lassen	2. Messer
	3. Tasse	4. küssen

✔ **Hinweis:** *Bei den Wörtern „süß" und „Gruß" kannst du die Verlängerungsprobe durchführen.*

Übung 51

1. ✔ **Hinweis:** *Laut Aufgabenstellung solltest du nur die „unechten" Nomen und ihre Begleitwörter unterstreichen, also die Wörter, die erst durch bestimmte Begleiter im Satz zum Nomen geworden sind. – Begleitwörter: einfach unterstrichen, Nomen: doppelt unterstrichen.*

a) Nächsten Mittwoch muss ich das Schwimmen ausfallen lassen.

b) Ich finde ihr Lachen sehr sympathisch.

c) Das Kleid steht dir wirklich gut! Vor allem das Grün passt zu dir.

d) Das war ein großartiges Rennen.

e) Nach langem Hin und Her ging sie endlich mit.

2. Wie man Dateien richtig löscht

Wenn Anwender ihren Rechner oder eine Festplatte verkaufen oder entsorgen wollen, befinden sich in vielen Fällen noch sensible Daten auf dem Gerät. Viele Nutzer denken, mit dem Löschen der Daten oder dem Formatieren des Datenträgers lassen sich alle persönlichen Daten beseitigen – ein Trugschluss.

Zwar können Anwender mit der Tastenkombination „umschalt + entf" Daten ohne den Umweg über den Papierkorb löschen. Es ist allerdings kein Problem, diese Daten mit Spezialprogrammen wiederherzustellen. Das liegt vor allem daran, dass Windows beim normalen Löschen nur das Inhaltsverzeichnis entfernt, die Daten aber erhalten bleiben. Oder das Betriebssystem löscht die einzelnen Bereiche auf der Festplatte, überschreibt diese aber nicht.

Falls es kein Zurück für die Dateien geben soll, müssen Anwender schwerere Geschütze auffahren – entweder etwas umständlichere Windows-Bordmittel oder Löschtools, die meist einfacher zu handhaben und kostenlos sind.

Quelle: dpa: Wie man Dateien richtig löscht, 10. 01. 2012. Im Internet unter: http://www.berliner-zeitung.de/ digital/auf-nimmerwiedersehen-wie-man-dateien-richtig-loescht,10808718,11415320.html

Übung 52

1. a) Wenn du gut lernst, wird dir der Test _leichtfallen._

   b) Ich denke, wir werden miteinander _zurecht_kommen.

   c) Wo ist hier der _Notausgang_?

   d) Er war von der Sonne _braun gebrannt._

   e) Auf der Bühne musst du _deutlich sprechen._

   ✏ **Hinweis:** *Auch Wörter, die zusammengeschrieben werden, können zwei Betonungen haben. Eine davon ist dann aber die Hauptbetonung, denn sie wird stärker betont.*

2. a) Thomas will immer alles ~~schön reden~~ / schönreden.

   b) Maria kann ganz schnell laufen / ~~schnelllaufen~~.

   c) Costa lässt sich für morgen ~~krank schreiben~~ / krankschreiben.

   d) Ich möchte nicht ~~schwarz fahren~~ / schwarzfahren.

   ✏ **Hinweis:** *Der erste Bestandteil in den Wörtern „schönreden", „krankschreiben" und „schwarzfahren" lässt sich nicht steigern. Man kann z. B. nicht „schwärzer" fahren.*

Übung 53

✐ **Hinweis:** *Manchmal gehören mehr als zwei Sätze in ein Satzgefüge. Benenne dann jeden einzelnen Satz. – Hauptsatz (HS), Nebensatz (NS)*

Was Hotelgäste auf dem Zimmer vergessen

Dass ein Hotelgast etwas im Hotelzimmer liegen lässt, ist nichts Neues. Eine britische Hotelkette hat jetzt eine Liste mit den verrücktesten Fundstücken veröffentlicht.	*NS + HS*
Gäste ihrer Hotels vergaßen unter anderem eine Urne mit sterblichen Überresten, einen Hamster namens Frederick, die Schlüssel zu einem Ferrari 458 und einen Koffer voller pinkfarbener Büstenhalter. Den Vogel abgeschossen hat aber ein	*Aufzählung*
Paar, das sein 18 Monate altes Baby zurückließ. Als die beiden sich auf den Weg zu einer Hochzeit machten, dachte jeder von ihnen, der andere hätte das Kind schon ins Auto gepackt, obwohl es noch im Hotelzimmer in seinem Bettchen lag.	*HS + NS NS + HS + HS + NS*
Die häufigsten Fundstücke in Hotelzimmern sind allerdings nicht so spannend, sondern eher langweilig. Auf Platz eins stehen Ladegeräte für Handys oder Laptops, Platz zwei wird von Schlafanzügen belegt, die oft im Hotelbett liegen bleiben. Auf Platz drei kommen Teddybären, sie werden oft von Kindern vergessen. Sehr häufig bleiben außerdem Kulturbeutel, Kämme, Bücher und elektrische Zahnbürsten auf den Hotelzimmern liegen.	*Gegensatz HS + HS* HS + NS HS + HS Aufzählung*

✐ **Hinweis:** **In diesem Satz liegt eine Aufzählung vor, die aus mehreren Hauptsätzen besteht. Deshalb gibt es zwei richtige Begründungen für das Komma: Aufzählung und Satzreihe (HS + HS).*

Übung 54

Hinweis: Du erkennst den Beginn eines neuen Nebensatzes oft an einer bestimmten Konjunktion, z. B. an den Konjunktionen „wenn", „als", „weil" oder „obwohl". Wenn du den Eindruck hast, dass mitten in einem Satz zwei gebeugte Verben direkt aufeinanderprallen, dann ist hier die Nahtstelle zwischen einem Nebensatz und einem nachfolgenden Hauptsatz. Das erste Verb beendet dann den Nebensatz und das zweite Verb eröffnet den Hauptsatz.
Richtige Kommas in Fettdruck, falsche Kommas eingekreist.

Im Westen sieht es schlecht aus mit der Ganztagsbetreuung

Die Ganztagsbetreuung für Grundschüler(,) ist in vielen Bundesländern unzureichend und weist große Qualitätsdefizite auf. Wohin soll das Kind gehen, wenn die Schule aus ist? Diese Frage treibt viele Eltern um, wenn ihr Sprössling in die Grundschule kommt. *falsch* *richtig* *richtig*

Denn während im Vorschulalter das Betreuungsangebot auch am Nachmittag heute bundesweit ausreicht, sieht es in den Lebensjahren danach vielerorts düster aus. Vor allem im Westen(,) fehlt es häufig an einer Ganztagsbetreuung. Inzwischen wird ein Ausbau(,) auch von der Wirtschaft dringend angemahnt. So soll Eltern die Vereinbarkeit von Familie und Beruf(,) ermöglicht werden. *richtig* *falsch* *falsch* *falsch*

Die Qualität der freiwilligen Nachmittagsangebote(,) ist auch oft unzureichend. Denn die Hälfte der Bundesländer(,) legt für die Angebote am Nachmittag keine Qualitätsstandards fest. Bei einer schlechten Betreuungssituation(,) hat eine Ganztagsschule sogar negative Effekte auf die Entwicklung der Kinder. *falsch* *falsch* *falsch*

Anders ist die Lage bei den Horten, wo es im Regelfall gesetzliche Mindeststandards für die Qualifikation des Personals und die Gruppengrößen gibt. Auch ermöglichen die Öffnungszeiten(,) eine bessere Vereinbarkeit von Familie und Beruf. Denn im Regelfall(,) sind die Horte an vier bis fünf Tagen in der Woche mindestens bis 17 Uhr geöffnet. Außerdem müssen Horte im Gegensatz zu den Ganztagsschulen(,) grundsätzlich eine Ferienbetreuung anbieten. *richtig* *falsch* *falsch* *falsch*

Quelle: Dorothea Siems: Westen sieht bei Ganztagsbetreuung schlecht aus, 19. 12. 11; Im Internet unter: http://www.welt.de/politik/deutschland/article13774766/Im-Sueden-sieht-es-schlecht-aus-mit-Ganztagsbetreuung.html

Kompetenz Sprachwissen und Sprachbewusstsein

Übung 55

Neulich vergaß ein Reptilienhändler in einem Hotelzimmer sein grünes Ch...
Adv   V   Art   N   Präp Art   N   Pron Adj   N

Der Gast übersah das Tier am Morgen, als er seinen Koffer packte.
Art N   V   Art N Präp   N   Konj Pron Pron   N   V

✔ **Hinweis:** *Das Wort „am" ist eine Präposition, die mit einem Artikel verschmolzen ist („an dem").*

Das lag an der grünen Farbe der Tapete im Hotelzimmer.
Pron V Präp Art Adj   N   Art   N   Präp   N

✔ **Hinweis:** *Das Wort „das" ist ein Pronomen, weil es sich durch das Wort „dieses" ersetzen lässt.*
Das Wort „im" ist eine Präposition, die mit einem Artikel verschmolzen ist („in dem").

Abends entdeckte der nächste Besucher das Tier, weil es sich bewegte.
Adv   V   Art   Adj   N   Art N Konj Pron Pron V

Er überlegte einen Augenblick, dann alarmierte der Mann sofort die Polizei.
Pron   V   Art   N   Adv   V   Art N   Adv Art   N

Die Polizisten fingen das kleine Reptil mit einem Kescher.
Art   N   V Art Adj   N   Präp Art   N

Bald ermittelten die Beamten den Besitzer und benachrichtigten ihn.
Adv   V   Art   N   Art   N   Konj   V   Pron

Der glückliche Reptilienhändler begab sich sofort wieder in das Hotel.
Art   Adj   N   V Pron Adv   Adv Präp Art N

Übung 56

✔ **Hinweis:** *Achte nicht nur auf die richtigen Formen der Artikel und Nomen, sondern auch auf die Endungen der begleitenden Adjektive.*

Einzahl	männlich	weiblich	sächlich
Nominativ	der alte Tisch	die helle Lampe	das dunkle Sofa
Genitiv	des alten Tisches	der hellen Lampe	des dunklen Sofas
Dativ	dem alten Tisch	der hellen Lampe	dem dunklen Sofa
Akkusativ	den alten Tisch	die helle Lampe	das dunkle Sofa

Mehrzahl	männlich	weiblich	sächlich
Nominativ	die alten Tische	die hellen Lampen	die dunklen Sofas
Genitiv	der alten Tische	der hellen Lampen	der dunklen Sofas
Dativ	den alten Tischen	den hellen Lampen	den dunklen Sofas
Akkusativ	die alten Tische	die hellen Lampen	die dunklen Sofas

Übung 57

Hinweis: Achte bei zusammengesetzten Zeitformen auf das Hilfsverb. Es zeigt dir an, ob es sich um das Perfekt (verkauft haben) oder um das Plusquamperfekt handelt (verstoßen hatte).
Das Futur I enthält neben dem Hilfsverb „werden" immer den Infinitiv, also die Grundform des Verbs, z. B. „wird <u>sagen</u>". Das Futur II enthält dagegen noch ein weiteres Hilfsverb (sein oder haben) und das Partizip (gefragt, bearbeitet, gegessen …), z. B.: „wird <u>gesagt</u> haben".

Knut <u>bleibt</u> unvergessen!	Präsens
Im Berliner Zoo <u>gab</u> es einmal einen berühmten Eisbären	Präteritum
namens Knut, der sehr beliebt <u>war</u>.	Präteritum
Weil ihn seine Mutter nach der Geburt <u>verstoßen hatte</u>,	Plusquamperfekt
<u>kümmerte</u> sich ein Tierpfleger liebevoll um ihn. Tausende	Präteritum
Besucher, die aus allen Teilen der Welt <u>angereist waren</u>,	Plusquamperfekt
<u>beobachteten</u> die beiden dabei neugierig.	Präteritum
Im Alter von nur vier Jahren <u>starb</u> der süße Knut, da er	Präteritum
infolge einer Gehirnentzündung ins Wasser <u>gefallen war</u>.	Plusquamperfekt
Dort <u>war</u> er <u>ertrunken</u>.	Plusquamperfekt
Die Knut-Fans <u>werden</u> sich noch lange an ihn <u>erinnern</u>.	Futur I
Irgendwann <u>wird</u> man ihm ein Denkmal <u>errichtet haben</u>.	Futur II
Dieses <u>wird</u> dann im Berliner Zoo <u>stehen</u>.	Futur I
Mit Knut <u>haben</u> einige Händler gute Geschäfte <u>gemacht</u>,	Perfekt
indem sie Plüschbären an die Besucher <u>verkauft haben</u>.	Perfekt
Tierschützer <u>kritisieren</u> noch heute den Rummel um Knut.	Präsens

Übung 58

Hinweis: Überlege, was zur gleichen Zeit geschah (→ Präteritum) und was vorher geschehen sein muss (→ Plusquamperfekt).

Betrunkener Einbrecher <u>scheiterte</u> zweimal

Am Freitag **verhaftete** die Polizei einen Einbrecher mit zwei Promille. Die Beamten **steckten** den 25-Jährigen in eine Zelle, damit er dort seinen Rausch

ausschlief. In der Nacht zuvor **hatte** der junge Mann **versucht**, in ein Einfamilienhaus einzudringen. Das **berichtete** später die Polizei. Nachdem er unabsichtlich ein Regal mit Büchern **umgeworfen hatte**, **erwachte** die Bewohnerin und **schlug** den Mann in die Flucht. Anschließend **rief** sie die Polizei. Bevor diese den Täter jedoch **festnahm**, **hatte** er noch schnell **probiert**, ein Auto zu knacken.

Übung 59

Mit dem Geländewagen in den U-Bahn-Schacht
Vor einiger Zeit **stürzte** ein Autofahrer in San Francisco mit seinem Geländewagen in einen U-Bahn-Tunnel. Dort **blieb** er **stecken**. Warum der Mann in den Tunnel **raste**, wurde nicht **geklärt**. Menschen **kamen** bei dem Unglück nicht zu Schaden. Auch Sachschaden **entstand** nicht. Allerdings **war** der Betrieb aller fünf U-Bahnlinien für mehr als zwei Stunden unterbrochen. Die Polizei **nahm** den Unglücksfahrer **fest**.

Hinweis: Dadurch, dass die Hilfsverben „haben" und „sein" überall entfallen sind, klingt der Text erheblich eleganter.

Übung 60

Hinweis: Bei zusammengesetzten Formen musst du jeweils nur das Hilfsverb ins Präsens setzen (wollte werden → will werden, wurde getötet → wird getötet, wurde verletzt → wird verletzt, musste feststellen → muss feststellen). Die Verben „einsetzen" und „aufhören" sind trennbare Verben. Wenn man sie beugt, rutscht der erste Teil des Verbs an das Satzende.

Inhaltsangabe zu Günter Kunerts Kurzgeschichte „Die Taucher"
In der Kurzgeschichte „Die Taucher" von Günter Kunert geht es um ein Schiff, das im Jahr 1906 während eines Taifuns gesunken ist. Viele Jahre später **machen** sich zwei Bergungsteams getrennt voneinander auf die Suche nach dem Wrack. Sie **wollen** den Tresor finden, in dem unermessliche Schätze sein sollen. Beide Teams scheitern.
Jedes der beiden Bergungsunternehmen **will** durch den Schatz reich werden und **setzt** sogar Spitzel **ein**, um an Informationen über die Gegenseite zu kommen. Sie **beobachten** einander ständig bei der Suche nach dem Wrack. Als zwei Taucher das gesunkene Schiff schließlich **finden**, **kämpfen** sie gegeneinander. Bei diesem Kampf **wird** einer von ihnen getötet und der andere schwer verletzt. Der Verletzte **findet** schließlich auch den Tresor, aber er

muss feststellen, dass es gar keinen Schatz **gibt**. Kurz danach **erliegt** auch er seinen Verletzungen.

Die Mannschaften **erfahren** nicht, dass ihre beiden Taucher tot **sind** und dass es keinen Schatz **gibt**. Sie **hören** daher mit der Suche nicht **auf**.

Übung 61

Hinweis: Wenn das Subjekt im Plural steht, verwendest du die Umschreibung mit „würde".

Der **Verfasser meint**, das Schreiben von E-Mails **habe** inzwischen das Schreiben herkömmlicher Briefe fast schon **abgelöst**. Während der Schreiber eines Briefes sich in der Regel Mühe **gebe**, **neige** der E-Mail-Schreiber dazu, seine Texte in Windeseile zu tippen. Häufig **kümmere** er sich dabei nicht um das Einhalten von Regeln. Beispielsweise **spreche** er den Empfänger mit „Hallo Herr X" statt mit „Sehr geehrter Herr X" **an**. Und die Rechtschreibung **bleibe** auch oft auf der Strecke. Einige E-Mail-Nutzer **würden** aus Bequemlichkeit alle Wörter **kleinschreiben**. Und auf die Zeichensetzung **würden** sie auch nicht **achten**. Doch das **sei** ein Fehler. Auch beim Verfassen von E-Mails **würden** bestimmte Regeln **gelten**, die man **einzuhalten habe**.

Übung 62

Hinweis: Achte auf die richtigen Zeitformen: „wurde gefunden" wird im Aktiv zu „fand" und „war gekauft worden" wird im Aktiv zu „hatten gekauft". Wenn der Satz mit einer Zeitangabe oder einer Ortsangabe beginnt, rückt das Subjekt hinter das gebeugte Verb.

Tote Maus als Beilage in Asia-Pfanne entdeckt

Vor einigen Tagen wurde in einem Fertigessen ein ekliger Fund gemacht. In einer Asia-Pfanne **fand ein Pärchen** eine tote Maus. **Die beiden hatten** das Tiefkühlgericht einen Tag zuvor in einem Supermarkt **gekauft**. **Sie mussten** das tiefgefrorene Gericht **erhitzen**. Deshalb **schütteten sie** es in eine Pfanne. Während des Aufwärmens **entdeckten sie** das steife Nagetier.

In letzter Zeit werden immer wieder unappetitliche Funde in Fertiggerichten gemacht: Einmal **fand ein Rentnerpaar** die Klinge eines Teppichmessers in einem Rindergulasch. Vor einem Jahr **biss ein Mann** beim Verspeisen eines Hacksteaks auf einen menschlichen Zahn. Und vor nicht allzu langer Zeit **entdeckte eine junge Frau** einen Frosch in ihrer Salatmischung.

Übung 63

✔ **Hinweis:** Die Formen der Adjektive „hoch" und „nah" werden unregelmäßig gebildet.

a) das stille Wasser → das stillere Wasser → das stillste Wasser
b) die nette Dame → die nettere Dame → die netteste Dame
c) der kluge Hund → der klügere Hund → der klügste Hund
d) das hohe Haus → das höhere Haus → das höchste Haus
e) der berühmte Star → der berühmtere Star → der berühmteste Star
f) die nahe Stadt → die nähere Stadt → die nächste Stadt

Übung 64

✔ **Hinweis:** Wenn das Adjektiv Teil des Prädikats ist, musst du jeweils die zugehörige Form des Verbs „sein" unterstreichen. Ansonsten unterstreichst du das zugehörige Nomen (bei der Verwendung als Attribut) oder das zugehörige Verb (bei der Verwendung als Adverb).

Putzfrau zerstört wertvolles Kunstwerk	Attribut
Viel zu gründlich ging eine übereifrige Putzfrau bei Reinigungsarbeiten in einem Museum vor. Beim Sauber-	Adverb, Attribut
machen wollte sie einen hartnäckigen Fleck beseitigen,	Attribut
mit dem Ergebnis, dass das Kunstwerk anschließend	
ruiniert war.	Prädikatsteil
Das Werk trägt den interessanten Titel „Wenn's anfängt	Attribut
durch die Decke zu tropfen". Nun ist die ganze Angele-	Attribut
genheit ein brisanter Fall für die Versicherung geworden.	Attribut
Die Arbeit war eine Dauerleihgabe für das Museum. Sie	
bestand aus einem massiven Holzplattenturm, der baum-	Attribut, Prädi-
hoch war. Unten in der Mitte befand sich ein Gummitrog	katsteil
mit einem weißlichen Kalkfleck.	Attribut
Diesen rieb die Putzfrau so gründlich weg, dass sie damit	Adverb
unwissentlich ein teures Kunstwerk zerstörte. Nach den	Adverb, Attribut
Aussagen des Museums ist das Werk nicht wiederher-	Prädikatsteil
stellbar.	

Übung 65

Hinweis: Trage als Erstes die Adjektive in die Lücken ein, die du sicher zuordnen kannst, und streiche sie dann in der Liste durch. Das erleichtert dir die Arbeit.

Schluss mit der unnötigen Lebensmittelverschwendung!

In Europa werden **jährlich** viele Tonnen Lebensmittel <u>weggeworfen</u>, die man noch **bedenkenlos** <u>essen</u> könnte. Sie werden **sinnlos** <u>verschwendet</u>. Dagegen können die Verbraucher aber **aktiv** <u>vorgehen</u>, indem sie **sparsam** <u>einkaufen</u> und ihre Einkäufe **sorgfältig** <u>planen</u> oder Übriggebliebenes einfrieren. Wenn es dann einmal **schnell** <u>gehen</u> muss, hat man innerhalb kurzer Zeit sein Mittagessen **fertig** <u>gekocht</u>. Auf diese Weise kann man die Verschwendung von Lebensmitteln im eigenen Haushalt **deutlich** <u>verringern</u>. Nebenbei kann man so auch **richtig** Geld <u>sparen</u>. Dafür kann man sich dann hin und wieder ganz **bequem** in einem Restaurant <u>bekochen</u> lassen.

Übung 66

a) <u>Viele Schüler</u> sorgen sich um die Zeit nach dem Schulabschluss. **Sie** fragen sich, ob sie wohl eine Lehrstelle finden.

b) Aber die Situation der <u>Schulabgänger</u> hat sich in den letzten Jahren deutlich gebessert. **Ihre** Zahl ist nämlich gesunken. Deshalb gibt es für **sie** immer mehr freie Lehrstellen.

c) Einige Ausbildungsbetriebe suchen schon händeringend nach <u>Bewerbern</u>. Aber nicht **alle** werden für geeignet gehalten. **Einige** werden also trotzdem nicht eingestellt.

Hinweis: Bei c können die Pronomen als Stellvertreter benutzt werden. Das ist möglich, weil klar ist, worauf sie sich beziehen.

Übung 67

1. *Hinweis:* Bedenke, dass Satzglieder unterschiedlich lang sein können.

   a) In den Pausen | stehen | die Schüler | auf dem Hof .

   b) Sie | diskutieren | die neuesten Modetrends .

   c) Montags | vergehen | die Pausen | viel zu schnell .

   d) Nach jeder Pause | beginnt | sofort | die nächste Unterrichtsstunde .

   e) Fast alle Schultage | enden | am frühen Nachmittag .

2. ◢ **Hinweis:** *Bedenke, dass ein Satz nicht unbedingt mit dem Subjekt anfangen muss. Es kann auch vorkommen, dass ein bestimmtes Satzglied öfter als einmal in einem Satz vorkommt, z. B. kann ein Satz zwei Objekte enthalten oder zwei oder drei Adverbialien.*

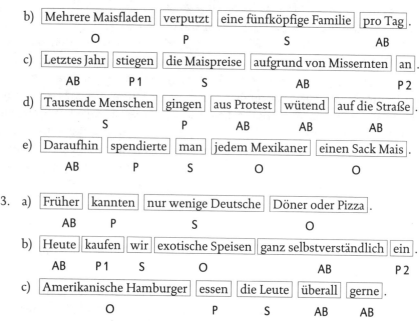

b) Mehrere Maisfladen | verputzt | eine fünfköpfige Familie | pro Tag .
    O   P   S   AB

c) Letztes Jahr | stiegen | die Maispreise | aufgrund von Missernten | an .
    AB   P 1   S   AB   P 2

d) Tausende Menschen | gingen | aus Protest | wütend | auf die Straße .
    S   P   AB   AB   AB

e) Daraufhin | spendierte | man | jedem Mexikaner | einen Sack Mais .
    AB   P   S   O   O

3. a) Früher | kannten | nur wenige Deutsche | Döner oder Pizza .
    AB   P   S   O

b) Heute | kaufen | wir | exotische Speisen | ganz selbstverständlich | ein .
    AB   P 1   S   O   AB   P 2

c) Amerikanische Hamburger | essen | die Leute | überall | gerne .
    O   P   S   AB   AB

Übung 68

Hauskatze läuft 3 000 Kilometer durch Australien

Katze Jessie aus Australien hatte Heimweh. **Deshalb** lief sie 3 000 Kilometer quer durchs Land zurück in ihr altes Zuhause. **Besitzerin** Sheree Gale war mit der Katze vom südlichen Ungarra auf eine Farm nahe Darwin im Norden von Australien gezogen. **Plötzlich** verschwand Jessie. **Sie** tauchte erst 15 Monate später in ihrer alten Gegend wieder auf. **Medienberichten** zufolge war eine andere Familie in das alte Haus gezogen. **Diese** schickte Fotos der gefundenen Katze an Gale. **Katze** Jessie ist nun wieder mit ihrem Bruder Jack vereint. **Dieser** hatte vor knapp einem Jahr den Flieger in die neue Heimat verpasst. **Er** war am Abflugtag der Gales weggelaufen.

Quelle: Martin Klemrath: Hauskatze läuft 3 000 Kilometer durch Australien, 08. 11. 2011. Im Internet unter: http://www.welt.de/vermischtes/kurioses/article13704751/Hauskatze-laeuft-3000-Kilometer-durch-Australien.html

Übung 69

✔ **Hinweis:** *Satzglieder, die an den Satzanfang gestellt wurden, sind durch Fettdruck hervorgehoben. Nicht bei jedem Satz ist es nötig, ein Adverbial an den Satzanfang zu rücken. Ansonsten würde eine neue Eintönigkeit entstehen! Bei einigen Sätzen ist auch eine andere Reihenfolge der Satzglieder möglich.*

Leiche unter Schnee und Eis

Ein Bergsteigerpaar fand am 19. September 1991 bei einer Bergtour in den Ötztaler Alpen eine Leiche aus der Jungsteinzeit. Sie lag in einem Gletscher unter Eis und Schnee. **Deshalb** war sie ungewöhnlich gut erhalten. **Wegen ihres Fundorts** wurde die Mumie später liebevoll „Ötzi" genannt. **Seitdem** beschäftigen sich Wissenschaftler mit dem Steinzeitmenschen. **Seit 20 Jahren** wollen die Forscher die Umstände seines Todes aufklären. **Durch Untersuchungen** haben sie schon einiges herausgefunden: **Vor rund 5 300 Jahren** kam der Mann ums Leben. Ein Keulenschlag tötete ihn von hinten. **Damals** war er etwa 46 Jahre alt. Der Tod ereilte ihn während einer Rast. Der Angreifer ließ ihn einfach liegen.

Den Grund für den tödlichen Angriff kennen die Forscher nicht. **Kurz vor seinem Tod** muss der Mann sich aber sicher gefühlt haben. Er hatte nämlich eine lange Rast gemacht und ausgiebig gegessen. **Das** können die Forscher mit einiger Sicherheit sagen. Sie haben Ötzis Mageninhalt gründlich untersucht. **Inzwischen** haben sie auch das Erbgut der Steinzeitmumie entschlüsselt.

Übung 70

Keine Wirkung ohne Nebenwirkung

Der Herbst ist da, **und** viele Menschen sind erkältet. **Oft** nehmen sie Medikamente ein, **denn** sie müssen zur Arbeit oder zur Schule gehen. **Vielleicht** können sie den Tag so überstehen. **Jedenfalls** hoffen sie das. **Aber** jedes Medikament enthält auch unangenehme Wirkstoffe, **denn** es gibt kein Medikament ohne Nebenwirkungen. **Doch** viele wissen das nicht. **Beispielsweise** können Mittel gegen Husten schläfrig machen, **denn** sie beeinträchtigen das Reaktionsvermögen. **Dagegen** wirken andere Mittel anregend, **und** Verwirrtheit und Halluzinationen sind die möglichen Folgen. Selbst harmlose Mittel können die Fahrtüchtigkeit beeinträchtigen. **Deshalb** sollten Autofahrer sich über die möglichen Nebenwirkungen informieren, **denn** im Falle eines Unfalls drohen Bußgelder. **Außerdem** können Fahrverbote ausgesprochen werden. Auskünfte zu den Nebenwirkungen von Medikamenten erteilen Ärzte und Apotheker. Informationen dazu finden sich **ebenfalls** auf dem Beipackzettel.

🖎 **Hinweis:** *Bei einigen Sätzen sind auch andere Verbindungen denkbar. Beim zweiten Satzpaar wurde die Reihenfolge der Sätze getauscht.*

Übung 71

Labrador als Lebensretter

	K	P
Ein 81-jähriger Mann und seine 3-jährige Enkelin, <u>die</u> während einer Autofahrt einen Unfall erlitten, verdanken ihrem Hund das Leben.	☐	☒
Der 7-jährige Labrador bewahrte die beiden vor dem Erfrieren, <u>indem</u> er sie abwechselnd wärmte.	☒	☐
So überstanden sie die Nacht im Unfallwagen ohne Erfrierungen, <u>obwohl</u> die Temperaturen deutlich unter dem Gefrierpunkt lagen.	☒	☐
Die Polizei entdeckte das Trio am nächsten Morgen in dem Fahrzeug, <u>das</u> umgestürzt in einem Flussbett lag.	☐	☒
Für seine Heldentat, <u>die</u> sich in der Region schnell herumsprach, erhielt der Hund einen Orden und eine Extraportion Hundefutter.	☐	☒
Man kann annehmen, <u>dass</u> sich das Tier mehr über das Hundefutter als über den Orden gefreut hat.	☒	☐

Übung 72

🖎 **Hinweis:** *Achte darauf, welcher Zusammenhang zwischen den Sätzen logisch ist: Nennt einer der beiden Sätze einen Grund (weil, da), eine Bedingung (wenn, falls) oder einen Gegengrund (obwohl, obgleich)? Oder gibt es einen zeitlichen Zusammenhang (nachdem, als)?*

a) Hundebesitzer in Nordrhein-Westfalen können sich freuen, **weil** sie künftig ihre Vierbeiner auf Waldwegen frei laufen lassen dürfen.

b) Das Oberverwaltungsgericht in Münster hat entschieden, **dass** Hunde dort nicht angeleint werden müssen.

c) Eine Leine müssen die geliebten Vierbeiner nur dann tragen, **wenn** sie den Weg verlassen.

d) **Nachdem** eine Hundebesitzerin wegen des Leinenzwangs im Wald gegen die Stadt Hilden geklagt hatte, bekam sie in zweiter Instanz recht.

Übung 73

Hinweis: Achte darauf, dass du im Relativsatz das Wort oder die Wortgruppe streichst, das/die im Hauptsatz genannt worden ist, und setze das gebeugte Verb ans Ende.

a) Eine Frau, **der** man einmal die Handtasche gestohlen **hatte,** verzichtete seither auf dieses modische Beiwerk.

b) Aus Vorsicht wollte sie die Geldbörse, **die** sie bei sich **trug,** nur noch eng am Körper tragen.

c) Sie kaufte fortan ausschließlich Jacken und Mäntel, **die** auf der Innenseite mit einer Tasche versehen **waren.**

d) Taschendiebe, **die** es auf ihr Geld **absahen,** sollten bei ihr keine Chance mehr haben.

e) Modische Akzente setzte sie seither nur noch mit Tüchern, **die** farblich zu ihrer Kleidung **passten.**

f) Allerdings lösten sich die Nähte der Innentaschen, **die** deshalb übermäßig belastet **waren,** nach und nach auf.

g) Da griff die Frau zu Nadel und Faden und verstärkte die Nähte, **die** angefangen **hatten,** sich zu lösen.

h) Seither hatte sie beim Einkaufen keine Angst mehr vor Taschendieben, **die** ihr die Geldbörse stehlen **könnten.**

Übung 74

Hinweis: Die Konjunktion „dass" kann auch am Anfang eines Satzgefüges stehen. Das kann ein Relativpronomen nicht!

Steckt <u>das</u> Gähnen auch Wellensittiche an?	
Gähnt einer, gähnen meist bald alle – **das** kennt man vom Menschen und von einigen Affenarten. US-Wissenschaftler wollen **das** Phänomen nun auch bei Wellensittichen beobachtet haben. **Dass** Gähnen an-	*Artikel* *Demonstrativpronomen* *Artikel* *Konjunktion*

steckend ist, gilt außer für Menschen nur für wenige
Tierarten wie Schimpansen, Makaken und Paviane.
Nun behaupten Forscher, **dass** sich auch Wellensittiche von gähnenden Artgenossen anstecken lassen.
Die Forscher filmten 21 der kleinen Papageien in einer
Voliere. Zwar gähnten die Tiere insgesamt recht selten, doch war die Wahrscheinlichkeit größer, **dass** ein
Sittich den Schnabel aufriss und Flügel und Beine
streckte, wenn unmittelbar zuvor andere Käfiggenos-
sen gegähnt hatten. Nur selten passierte es, **dass** ein
einzelner Vogel gähnte. Nach Ansicht der Forscher
dient ein Gähnen, **das** ansteckend ist, dem Zusammenleben in der Gruppe. Allerdings ist im Fall der
Wellensittiche unklar, ob **das** Gähnen verschiedener
Vögel, **das** direkt aufeinanderfolgt, nicht bloß auf Zu-
fall beruht. Möglicherweise ist es auch so, **dass** die
Vögel in der Voliere alle den gleichen Tagesrhythmus
haben. Es kann also sein, **dass** sie deshalb alle zur
gleichen Zeit müde werden.

Konjunktion

Konjunktion

Konjunktion

Relativpronomen

Artikel
Relativpronomen
Konjunktion

Konjunktion

Quelle: Katrin Blawat: Steckt Gähnen auch Wellensittiche an? 18. 01. 2012. Im Internet unter: http://www.sueddeutsche.de/
wissen/verhaltensbiologie-steckt-gaehnen-auch-wellensittiche-an-1.1260679

Übung 75

a) Roboter dienen inzwischen dazu, den Alltag **zu erleichtern**.
b) Sie erledigen alles, **ohne** sich darüber **zu beklagen**.
c) Man kann sie z. B. dazu einsetzen, den Hund **zu füttern**.
d) Neue Roboter lernen sogar schon, den Hund **auszuführen**.
e) Allerdings ist es nicht leicht, ihnen das **beizubringen**.
f) Der Roboter läuft nämlich lieber um den Hund herum, **als** ihm **zu folgen**.
g) Er weicht einem Hindernis eher aus, **statt** direkt darauf **zuzusteuern**.

*/ **Hinweis:** Bei den Sätzen b, f und g müssen die Wörter „ohne", „als" und „statt" erhalten bleiben.
Bei den Sätzen d, e und g wird das Wörtchen „zu" jeweils in das Verb eingeschoben.*

▶ Lösungen
Übungsaufgaben im Stil der zentralen Prüfung

Übungsaufgabe 1

Erster Prüfungsteil: Leseverstehen

		passt	passt nicht
1. a)	„In Parks wachsen Tomaten statt Tulpen [...]." (Z. 2/3)	X	
b)	„Elektrogeräte werden wiederverwendet." (Z. 1/2)		X
c)	„Fabriken kehren zurück in die Stadt." (Z. 1)		X
d)	„Liebevoll bepflanzte Mini-Flächen [...] gehören [...] zum Alltag." (Z. 100/101)	X	

		trifft zu	trifft nicht zu
2. a)	Geplant sind eine Fischzucht und Gemüseanbau.	X	
b)	Das Projekt entsteht auf einem Hinterhof.		X
c)	Es gibt nur wenig Platz.	X	
d)	Computer steuern Wärme und Wasser.	X	
e)	Der Anbau von Gemüse erfolgt ohne Erde.	X	
f)	Nur zwei Gemüsesorten sollen angebaut werden.		X

3. Die Stadt der Zukunft muss zurechtkommen mit einem Mangel an ...

   a) ☐ Wasser.

   b) ☐ Geld.

   c) ☐ Licht.

   d) ☒ Platz.

   ✦ **Hinweis:** *Weil es zu wenig Platz gibt, gehen Experten davon aus, dass künftig „wieder mehr in die Höhe gebaut werden wird." (Z. 110/111)*

4. Mit der Stadt der Zukunft beschäftigen sich ...

	trifft zu	trifft nicht zu
a) Politiker.	✗	☐
b) Wissenschaftler.	✗	☐
c) Lehrer.	☐	✗
d) Unternehmer.	✗	☐
e) Architekten.	✗	☐
f) Autofahrer.	☐	✗

✦ *Hinweis: a: Z. 32; b: Z. 34; d: Z. 31; e: Z. 64*

5. a) Elektromobilität — B

   b) intelligenter Straßenbelag — B

   c) Anbau von Tomaten in Grünanlagen — A

   d) Verdichtung der Bebauung — C

   e) fahrerlose Autos — B

   f) Gemüsegärten auf Dachterrassen — A

   g) Hochhäuser — C

   h) Ausbau von Fahrradwegen — B

   i) Anbau von Gemüse auf kleinstem Raum — A

6. Sie wünschen sich ...

   a) ☐ finanzielle Hilfen vom Staat.

   b) ☐ große Hallen.

   c) ✗ kurze Transportwege.

   d) ☐ breitere Straßen.

   ✦ *Hinweis: Es heißt im Text, sie wollen „lange Transportwege [...] vermeiden." (Z. 117/118)*

7. auf Dachterrassen, in Restaurants, in Duschkabinen

   ✦ *Hinweis: vgl. Z. 99, Z. 126, Z. 127*

8. Seine Art des Gemüseanbaus soll die traditionelle Landwirtschaft nicht ersetzen, sondern **ergänzen.**

   ✦ *Hinweis: vgl. Z. 25–29*

9. a) Die Bürger teilen viele Dinge miteinander. ☒

   b) Autospuren können ihre Farben ändern. ☐

   c) Taxis werden durch Roboterautos ersetzt. ☐

   d) Bürger nutzen brachliegende Flächen zum Gärtnern. ☒

   e) Autos bewegen sich ohne Fahrer. ☐

   f) Häuser werden in die Höhe gebaut. ☒

   g) Menschen gestalten ihr Umfeld selbstständig mit. ☒

   ✎ **Hinweis:** *Es geht um die Frage, was schon heute möglich ist, nicht um Pläne für die Zukunft. a: vgl. Z. 42/43; d: vgl. Z. 97–104; f: vgl. Z. 109–111; g) vgl. Z. 135–139*

10. a) ☐ Es gibt schon jetzt zu wenige Grünflächen in den Städten.

    b) ☒ Das Wachstum der Bevölkerung erfordert den Bau neuer Häuser.

    c) ☐ Menschen, die in Großstädten leben, sind leicht erregbar.

    d) ☐ In Großstädten haben nur wenige Wohnungen einen Balkon.

    ✎ **Hinweis:** *vgl. Z. 108–111*

	trifft zu	trifft nicht zu
11. a) Die Menschen steuern ihre Autos nicht mehr selbst.	☐	☒
b) Der Ausstoß an Abgasen wird gestoppt.	☒	☐
c) In den Städten fahren weniger Autos.	☐	☒
d) Es gibt weniger Lärm durch Straßenverkehr.	☒	☐
e) Das Autofahren wird deutlich billiger.	☐	☒

✎ **Hinweis:** *Ziele der Elektromobilität sind darin zu sehen, dass Lärm und Abgase vermieden werden (vgl. Z. 34–36).*

12. a) Taxis werden durch selbst fahrende Autos ersetzt. 3

    b) Google testet führerlose Autos. 1

    c) Roboterautos werden miteinander vernetzt. 4

    d) Autos rollen allein durch Parkhäuser. 2

    ✎ **Hinweis:** *Um die richtige Reihenfolge herauszufinden, musst du die Zeilen 72–85 genau lesen.*

13. Der Straßenbelag …

	trifft zu	trifft nicht zu
a) ist so konstruiert, dass das Befahren der Straßen keine Geräusche verursacht.	☐	☒
b) ändert seine Farbe, um die Spuren ans Verkehrsaufkommen anzupassen.	☒	☐
c) sorgt mit seinen Sensoren für den nötigen Sicherheitsabstand zwischen Fahrzeugen.	☐	☒
d) hilft durch programmierbare Sensoren, selbstfahrende Autos zu lenken.	☒	☐

✦ *Hinweis: vgl. Z. 68/69, Z. 70–72*

14. In diesen Städten werden in öffentlichen Anlagen anstatt Blumen Gemüsesorten angepflanzt, z. B. Tomaten. Die Bürger können sich daran bedienen und das Gemüse essen.

✦ *Hinweis: vgl. Z. 91–93*

15. Stadtbewohner …

	trifft zu	trifft nicht zu
a) möchten in ihrem Viertel selbst aktiv werden.	☒	☐
b) erwarten ein perfekt gestaltetes Umfeld.	☐	☒
c) wollen an der Gestaltung ihrer Stadt beteiligt werden.	☒	☐
d) wünschen sich mehr Parkplätze vor der Haustür.	☐	☒
e) wollen bei der Stadtplanung miteinbezogen werden.	☒	☐

✦ *Hinweis: a: vgl. Z. 135–139; c: vgl. Z. 148–151; e: vgl. Z. 148/149*

16. Ich finde nicht, dass es ein Widerspruch ist, wenn die Bürger beides wollen: die Teilnahme am technischen Fortschritt und eine Art Dorfcharakter in ihrem unmittelbaren Umfeld. Sie suchen auch in einer modernen Welt nach Geborgenheit. Diese finden sie, wenn ihnen ihre direkte Umgebung so vertraut erscheint wie ein Dorf: Es beruhigt sie, wenn sie gut überblicken können, wo das ist, was sie im Alltag brauchen. Das gilt nicht nur für Geschäfte, Behörden und Dienstleistungen, sondern auch für Kontaktpersonen.

✦ *Hinweis: Triff zunächst eine Entscheidung: Ist es für dich ein Widerspruch, wenn Bürger einer Stadt sich sowohl die Teilnahme am technischen Fortschritt als auch eine Art Dorfcharakter wünschen? Anschließend musst du deine Meinung begründen.*

Zweiter Prüfungsteil: Wahlthema 1

✦ **Hinweis:** Du findest in den Materialien ganz unterschiedliche Informationen, die sich verschiedenen Gesichtspunkten der Fragestellung zuordnen lassen. Deshalb kannst du nicht einfach ein Material nach dem anderen „abarbeiten". Am besten markierst du in jedem Material alle Informationen, die du für wichtig hältst, und ordnest sie den einzelnen Teilaufgaben zu.
Danach beginnst du mit dem Schreiben. Denke daran, wer deinem Vortrag zuhören wird: deine Mitschüler. Du kannst deine Zuhörer zwischendurch auch direkt ansprechen. Das empfiehlt sich vor allem am Anfang und am Schluss. In den rein informativen Abschnitten wäre das eher unpassend. Nachdem du die Argumente der Zoo-Befürworter genannt hast, solltest du gleich mögliche Einwände anführen. Gleiches gilt für den Abschnitt, in dem du die Begründungen der Zoo-Gegner nennst.

Schreibplan

	Mögliche Inhalte (Stichworte)	Quellen
Einleitung Hinführung	• Bezugnahme auf eigene Erfahrungen	Aufgaben- stellung
Hauptteil Ansichten zur Tierhaltung in Zoos	**Geschichtliche Entwicklung** • erste Zoos vor 5 000 Jahren in Ägypten • später auch in China und Europa • Zoos zunächst als Vorrecht von Herrschern: stellten damit ihre Macht zur Schau • heute: Zoos können von allen Menschen besucht werden; Ansichten dazu sind geteilt	 M 1 M 1 M 1 M 4
	Ansichten der Befürworter • Vermittlung von Wissen über Tiere • Unterstützung der Forschung • Beitrag zum Artenschutz • Aber: häufigste Tierarten in Zoos sind nicht gefährdet	 M 2, M 4 M 4 M 2, M 4 M 3
	Ansichten der Gegner • Tierhaltung in Zoos nicht artgerecht • Instinkte der Tiere verkümmern • Unterbringung in Zoos kein Mittel zur Arterhaltung, da keine Auswilderung möglich • Aber: laut Studie höheres Lebensalter vieler Zootiere	 M 2 M 2 M 4 M 5
Schluss Fazit und Appell	• Zoodirektoren müssen Tierhaltung verbessern • Leser sollen sich eigene Meinung bilden	

Lösungsbeispiel

Bestimmt war jeder von euch schon einmal in einem Zoo, wahrscheinlich sogar mehrmals. Sicher habt ihr dort auch eure Lieblingstiere, z. B. Elefanten, Tiger oder Schimpansen. Aber was wisst ihr eigentlich über die Haltung von Tieren in Zoos? Ich möchte euch heute darüber ein paar interessante Informationen vermitteln.

Einleitung
Hinführung zum Thema

Zoologische Gärten gibt es schon sehr lange. In Ägypten wurden exotische Tiere bereits vor rund 5 000 Jahren in Käfigen gehalten. Das war allerdings ein Vorrecht der Pharaonen, die die Tiere als Jagd- oder Schlachttiere hielten.

Hauptteil
Geschichte der Zoos
Beispiel Ägypten: Tierhaltung als Vorrecht der Herrscher

Rund 2 000 Jahre später gab es auch in China Zoos. Wieder waren es Herrscherfamilien, die sich in ihren Gärten verschiedene Tiere hielten, z. B. Vögel, Schildkröten oder Fische. Bei ihnen erfuhren die Tiere aber eine andere Wertschätzung als in Ägypten. Das lässt sich schon daran erkennen, dass sie ihre Zoos „Park der Intelligenz" oder „Park des Wissens" nannten.

später Tierparks in China

Zoos als „Park der Intelligenz"

Im Laufe der Zeit errichteten immer mehr Herrscher neben ihren Palästen kleine Tierparks, sogenannte Menagerien. Die Menagerie von Ludwig XIV. aus dem Jahr 1662 wurde ein Vorbild für viele andere Zoos, z. B. für den Zoo Schönbrunn in Wien. Weil es ihn noch heute gibt, gilt er als ältester Zoo der Welt.

immer mehr Herrscher errichteten Tierparks

Beispiel: Ludwig XIV.

Das Halten von wilden Tieren war also zunächst ein Vorrecht von Königen. Diese stellten damit ihre Macht zur Schau. Heute haben zoologische Gärten andere Aufgaben: Vor allem sollen sie es den Bürgern ermöglichen, Wildtiere aus nächster Nähe zu beobachten. Allerdings sind die Ansichten dazu geteilt.

Zwischenergebnis

Befürworter von Zoos sagen, dass die Besucher nur dort die Möglichkeit haben, Wildtieren zu begegnen, die sie sonst nie lebend zu sehen bekommen würden. Dadurch lernen sie die Tiere nicht nur kennen, sondern erfahren auch, wie sie selbst zum Schutz der Tiere in freier Wildbahn beitragen können, so Dag Encke, Direktor des Tier-

Begründungen der Befürworter: Besucher begegnen exotischen Wildtieren

gartens Nürnberg. Außerdem haben Wissenschaftler die Möglichkeit, in Zoos Forschung zu betreiben. Nirgendwo sonst können sie so leicht mit Tieren in Kontakt treten und z. B. deren Verhalten beobachten. Nicht zuletzt vertreten Befürworter von Zoos die Meinung, dass Tierparks dem Schutz gefährdeter Tierarten dienen.

Zoos wichtig für die Forschung

Artenschutz

Viele der Tiere in Zoos sind allerdings gar nicht gefährdet und sie sind auch keineswegs exotisch. Auf der Liste der häufigsten Tierarten in europäischen Zoos stehen Ziegen, Pfauen und Hirsche an erster Stelle. Und diese findet man schließlich auch auf Bauernhöfen oder in heimischen Parks und Wäldern.

Möglicher Einwand: Viele Tiere in Zoos sind nicht gefährdet

Gegner von Zoos sind der Meinung, dass es eine Qual für die Tiere ist, lebenslang in Käfigen oder Gehegen gehalten zu werden, weil man ihnen dort ihre natürlichen Lebensbedingungen nicht verschaffen kann. Da sie in Tierparks nicht artgerecht gehalten werden können, verkümmern so ihre Instinkte nach und nach. Dass Zootiere der Arterhaltung dienen, glauben die Gegner nicht. Dann müssten sie nämlich irgendwann ausgewildert werden, was jedoch kaum möglich ist, weil sie an ein Leben in Freiheit nicht gewöhnt sind.

Begründungen der Gegner: Gefangenschaft ist Qual für die Tiere

keine natürlichen Lebensbedingungen

Zweifel am Artenschutz

Eine aktuelle Studie hat jedoch gezeigt, dass die meisten Säugetiere in Zoos ein höheres Lebensalter erreichen als ihre Artgenossen in freier Wildbahn. Die Forscher führen das darauf zurück, dass Tiere in der Wildnis ihren Fressfeinden ausgesetzt sind. Einige Säugetierarten, z. B. Schimpansen, werden aber in Freiheit doch älter als in einem Zoo. Die Ergebnisse der Studie sind also nicht allgemeingültig.

Möglicher Einwand: Ergebnisse einer Studie: Viele Tiere erreichen im Zoo ein höheres Lebensalter

Aber: einige Ausnahmen

Wie ihr seht, kann man zur Tierhaltung in Zoos ganz unterschiedliche Meinungen vertreten. Zoodirektoren sollten weiter darüber nachdenken, wie sich das Leben von Tieren in Gefangenschaft verbessern lässt. Und ihr seid dazu aufgefordert, euch zu diesem Thema ein eigenes Urteil zu bilden.

Schluss

Leben von Tieren in Gefangenschaft muss verbessert werden

Appell: eigenes Urteil bilden

Genutzte Quellen: M 1–M 5   *(564 Wörter)*

Wahlthema 2: Einen Text analysieren und interpretieren

*✔ **Hinweis:** Wichtig ist, dass du erkennst, was der Ich-Erzähler in den kursiv gedruckten Textstellen zum Ausdruck bringt. Hier spricht er seinen toten Bruder direkt an – und am Schluss stellt er sich sogar vor, was der ihm antworten würde. Die Art und Weise, wie diese Antworten ausfallen, machen deutlich, dass er Jakob nun doch verstanden hat. Entscheidend für sein Verständnis ist die Videoaufnahme von dessen erstem Schultag.*
Orientiere dich beim Schreiben an den Teilaufgaben. Achte darauf, deine Darstellung klar zu strukturieren. Zeige nach der Zusammenfassung des Inhalts auf, was der Ich-Erzähler sich nacheinander ansieht, und erläutere jeweils die Gedanken, die er sich dazu macht. Anschließend äußerst du dich zu seinen Gefühlen und überlegst, inwiefern die Ausdrucksweise dazu passt. Vergiss nicht, dich auf Textstellen zu beziehen.
Bei der Stellungnahme gehst du so vor: Stelle zunächst mit eigenen Worten dar, was Jasmin über den Ich-Erzähler gesagt hat. Anschließend setzt du dich damit auseinander: Formuliere deine Meinung zur Äußerung der Schülerin und begründe sie. Es genügt, wenn du zwei Argumente anführst, die deine Meinung stützen.

Lösungsbeispiel

Der Textauszug aus dem Roman „Der Ernst des Lebens macht auch keinen Spaß" von Christopher Wortberg spielt kurz nach dem Selbstmord von Lennys älterem Bruder Jakob. Damit ist für den Ich-Erzähler eine Welt zusammengebrochen. Er versucht nun herauszufinden, warum sich sein Bruder das Leben genommen hat.

Einleitung
Textsorte, Titel, Autor, Thema

Weil Lenny nicht einschlafen kann, steht er mitten in der Nacht auf und geht ins Wohnzimmer, um sich Dokumente aus der Kindheit seines Bruders anzusehen. Auf diese Weise will er versuchen, die Persönlichkeit Jakobs zu erforschen, um dessen Selbstmord zu verstehen. Nachdem er einige Fotos und eine Videoaufnahme vom ersten Schultag Jakobs gesehen hat, wird ihm nach und nach klar, warum sein Bruder unglücklich war: Er hat nie sein eigenes Leben gelebt, sondern musste immer die Erwartungen seines Vaters erfüllen.

Hauptteil
Zusammenfassung des Inhalts

Lenny sieht sich zunächst ein Foto an, das Jakob am Tag seiner Geburt zeigt. Es wirkt auf den ersten Blick unauffällig. Nur eines macht den Jungen skeptisch: die „merkwürdig glatt gestrichene Bettdecke" (Z. 42/43). Er stellt sich vor, dass sein Vater kurz vor dem Betätigen des Auslösers

Vorgehen Lennys: sieht sich Foto an, das Jakob am Tag seiner Geburt zeigt

wird skeptisch wegen glatt gestrichener Bettdecke

die Decke noch glatt gestrichen hat („Nicht mal in einem der schönsten Momente seines Lebens verliert er die Kontrolle." Z. 48–50).

Fotos aus späteren Lebensjahren wirken dagegen durchweg fröhlich. Sie zeigen Jakob beim Schneemannbauen mit dem Vater (vgl. Z. 54–56) und beim Plätzchenausstechen mit der Mutter (vgl. Z. 56–58). Ein Bild erinnert Lenny daran, dass er seinen Bruder früher immer als Beschützer gesehen hat (vgl. Z. 66/67). Allerdings hat er jetzt das Gefühl, dass diese Fotos nicht Jakobs wahre Persönlichkeit zeigen.

Fotos aus späteren Lebensjahren wirken fröhlich

Lenny sah Jakob als Beschützer

Eine Videoaufnahme vom ersten Schultag seines Bruders bringt schließlich Klarheit. Lenny begreift, dass Jakob nicht einmal als kleiner Junge seine wahren Gefühle zeigen durfte. Obwohl er sich unwohl fühlte, sollte er in dem Film, den der Vater für die Großmutter drehen wollte, ein fröhliches Gesicht zeigen. Das fiel ihm sehr schwer, dennoch fügte er sich dem Willen seines Vaters.

Videoaufnahme vom ersten Schultag

Zweifel über wahre Persönlichkeit des Bruders

In seiner Vorstellung unterhält sich Lenny nun mit seinem toten Bruder über das Video. In diesem Gespräch erklärt Jakob, dass er damals „seine Rolle" (Z. 156/157) gespielt habe, ohne zu wissen, welche Folgen das für ihn haben würde (vgl. Z. 159/160).

Ich-Erzähler stellt sich ein Gespräch mit seinem toten Bruder vor

Die Erkenntnis über die wahre Persönlichkeit seines Bruders macht den Ich-Erzähler sehr traurig. Er empfindet Mitleid mit ihm, und das bereitet ihm Schmerzen: „Es tut weh, dich so zu sehen Jakob." (Z. 148) Lennys Gefühle werden im Text auch durch sprachliche Bilder deutlich: Mal sieht er in seinem Zimmer eine Wüste (vgl. Z. 2/3), in der er leidvoll „verdurste[t]" (Z. 14), dann wieder einen Ozean (vgl. Z. 6), in dem er zu ertrinken droht (vgl. Z. 13/14), und schließlich stellt Lenny sich vor, „unter einer Lawine begraben" (Z. 10/11) zu sein. Diese Metaphern zeigen die Verzweiflung, die der Ich-Erzähler aufgrund von Jakobs Selbstmord verspürt. Er ist am Boden zerstört und empfindet die Welt als „schwarzes Loch" (Z. 16).

Gefühle des Ich-Erzählers:
Er ist sehr traurig, fühlt sich verloren

sprachliche Bilder im Text

Metaphern verdeutlichen Lennys Gefühle

Dadurch, dass Lenny seinen toten Bruder mehrmals direkt anspricht, wird der Erzählfluss immer wieder unterbrochen. Auch das verdeutlicht die Verzweiflung über den Selbstmord des Bruders.

Unterbrechung des Erzählflusses

Jasmin meint, der Ich-Erzähler hätte schon früher merken müssen, dass Jakob sich nicht wohlgefühlt hat. Diese Meinung teile ich nicht. Sie vergisst, dass Lenny jünger war als sein Bruder und dass er immer einen Beschützer in ihm gesehen hat (vgl. Z. 68/69). Er muss also als Kind zu ihm aufgeschaut haben. Weshalb hätte er das Verhalten seines Bruders anzweifeln sollen?

Stellungnahme
Wiedergabe von Jasmins Meinung
Ausdruck der eigenen Meinung
Begründung:
1. Argument: Jakob als älterer Bruder

Lenny ist nach Jakobs Tod so aufgewühlt, dass er sich selbst schon dem Tode nahe fühlt: „Ich ersticke. Und ertrinke dabei. Und warte darauf, zu verdursten." (Z. 13/14) Eine so heftige Reaktion würde er nicht zeigen, wenn er schon früher angenommen hätte, dass sein Bruder nicht sein wahres Gesicht zeigt. *(612 Wörter)*

2. Argument: Lenny ist nach Jakobs Tod aufgewühlt

→ kann nichts von Jakobs Problemen gewusst haben

Übungsaufgabe 2

Erster Prüfungsteil: Leseverstehen

1. Ins Leben gerufen hat die Schülergerichte ...

   ☐ ein Sozialarbeiter.

   ☐ ein Schulsprecher.

   ☐ ein Staatsanwalt.

   ☒ das Justizministerium.

2. Sie sind zwischen **15** und **18** Jahre alt.

3. Sie sind ...

   ☐ jünger als die Täter.

   ☐ älter als die Täter.

   ☒ genauso alt wie die Täter.

   ☐ mindestens 18 Jahre alt.

	trifft zu	trifft nicht zu
4. a) Der Täter ist zum ersten Mal straffällig geworden.	☒	☐
b) Es handelt sich um einen männlichen Jugendlichen.	☐	☒
c) Der Betroffene geht noch zur Schule.	☐	☒
d) Der Jugendliche hat eine leichte Straftat begangen.	☒	☐

5. Die Höchststrafe beträgt ...

   ☐ fünfzehn Tage Arbeit in einem Verein.

   ☒ fünfzehn Stunden Sozialarbeit.

   ☐ fünfzehn Tage Gefängnis.

   ☐ fünfzehn Tage Jugendarrest.

6. ☐ Die Eltern der Täter nehmen Kontakt mit dem Schülergericht auf.

   ☐ Die Opfer wenden sich an das Schülergericht.

   ☒ Die Staatsanwaltschaft übermittelt die Fälle.

   ☐ Die Täter melden sich selbst beim Schülergericht.

7.

Nummer	Verfahrensschritt
4	Das Schülergericht berät über das Strafmaß.
6	Der Schülerrichter gibt dem Täter die Strafe bekannt.
1	Das Schülergericht bekommt einen Fall zugewiesen.
3	Der Täter schlägt eine Strafe vor.
2	Der Täter äußert sich zu seiner Tat.
5	Das Schülergericht legt die Strafe fest.

8. Ladendiebstahl, Stehlen eines Mofas, Fahren ohne Führerschein

9. Er beobachtet die Verhandlung, um notfalls bei Problemen einzugreifen.

10. Die Täter ...

	trifft zu	trifft nicht zu
a) können ihr eigentliches Vergehen vertuschen.		X
b) sahen ihre Tat vorher als eine sportliche Leistung an.	X	
c) hofften zuvor auf Anerkennung für ihre Tat.	X	
d) interessieren sich anschließend weniger für die Meinung Gleichaltriger.		X
e) nehmen es ernst, wenn Gleichaltrige ihre Tat kritisieren.	X	
f) haben vor einem Schülerrichter mehr Angst als vor einem richtigen Richter.		X
g) werden in den Schülergerichten nicht für ihre Tat bestraft.		X

11.

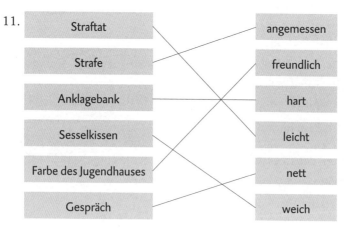

Straftat — weich
Strafe — angemessen
Anklagebank — hart
Sesselkissen — leicht
Farbe des Jugendhauses — freundlich
Gespräch — nett

12. ☐ Er hat eine Beschäftigung gesucht.

☒ Er findet die Tätigkeit interessant.

☐ Er möchte neue Leute kennenlernen.

☐ Er hat einen Praktikumsplatz gebraucht.

✦ **Hinweis:** *Im Abschnitt Z. 117–128 steht, dass Michael eigentlich genug zu tun hat. Er engagiert sich aber trotzdem im Schülergericht, weil er die Menschen dort und deren Schicksale interessant findet (vgl. Z. 121/122).*

13. Die Tätigkeit beim Schülergericht hat …

☐ sein Gewissen geschärft.

☐ seine Neugier befriedigt.

☒ einen Berufswunsch in ihm geweckt.

☐ ihm viel Anerkennung gebracht.

✦ **Hinweis:** *Im Abschnitt Z. 129–138 erfährt man, dass das Schülergericht Michael neue berufliche Perspektiven aufgezeigt hat. Er hat deshalb ein Praktikum bei einer Staatsanwaltschaft absolviert und möchte seither Jura studieren und Richter werden.*

14. Ladendiebstahl: Ben hat ein Computerspiel gestohlen.

15. Er hofft darauf, dass …

☐ er freigesprochen wird.

☐ der Hausarrest aufgehoben wird.

☐ er nicht rückfällig wird.

☒ er sein Ansehen zurückgewinnt.

16. Ich glaube nicht, dass Ben noch einmal straffällig wird. Dass er bei dem Ladendiebstahl erwischt wurde, war ein Schock für ihn. Außerdem erteilten ihm seine Eltern, als sie davon erfuhren, Hausarrest sowie Fernseh- und Computerverbot. Darüber hinaus haben sie es seinem Fußballtrainer erzählt. Seither hänselt ihn der ganze Verein. Das hat ihn besonders getroffen (vgl. Z. 109/110). Ob es das Verfahren vor dem Schülergericht ist, dass ihn vor weiteren Straftaten bewahrt, ist allerdings nicht klar. Ich glaube, die Blamage vor seinen Freunden hat ihn mehr getroffen.

Zweiter Prüfungsteil: Wahlthema 1

✦ **Hinweis:** *Bearbeite die einzelnen Teilaufgaben der Reihe nach.*

• **Einleitung:** *Schreibe zunächst den* **Einleitungssatz** *(Der Auszug aus dem Roman ... von ... erzählt/beschreibt, wie ...) und fasse danach den Inhalt zusammen. Die* **Inhaltsangabe** *kann sehr kurz ausfallen, weil der Textauszug mehr vom inneren Erleben der Hauptfigur erzählt als von äußeren Handlungen: Assaf liegt zusammen mit der Hündin Dinka auf dem Teppich, legt den Kopf auf sie und fängt an, über sein bisheriges Leben nachzudenken. Dabei gelangt er zu einigen Einsichten.*

• **Hauptteil:** *Beim Beschreiben von* **Assafs Verhalten** *in der Vergangenheit musst du zwischen seinen Aktivitäten (z. B.: Kneipentouren, Fotografieren) und den Gefühlen, die er dabei empfunden hat (z. B. Unwohlsein, Freude), unterscheiden. Danach gehst du auf die* **Beziehung** *zu seinem besten* **Freund Roi** *ein. Stelle vor allem dar, was er im Zusammensein mit Roi vermisst. Als* **Zwischenergebnis** *äußerst du dich zu Assafs neuen Einsichten. Anschließend wendest du dich Assafs Gedanken an die Zukunft zu: Erläutere insbesondere, welche* **Vorstellungen** *er sich von einer* **Begegnung mit Tamar** *macht und was ihn mit Sorge erfüllt.*

• **Schluss:** *Im Schlussabsatz äußerst du dich mit zwei, drei Sätzen zu* **Assafs Persönlichkeit.** *Beschreibe die entscheidenden Merkmale seines Charakters.*

• *Bei der* **Stellungnahme** *fragst du dich, ob du Merles Äußerung zustimmen oder ihr widersprechen willst. Überlege, ob Assaf aufgrund seiner neuen Einsichten in Zukunft sein Verhalten ändern wird oder nicht. Begründe deine Meinung am Text.*

Lösungsbeispiel

Der Auszug aus dem Roman „Wohin du mich führst" von David Grossman beschreibt die Gedanken und Gefühle des Jungen Assaf, nachdem er einen Tag lang vergeblich versucht hat, Tamar zu finden, das Mädchen, dem die Hündin Dinka gehört.	*Einleitung* *Textsorte, Titel, Verfasser, Thema*
Am Abend ist der Junge mit Dinka allein zu Hause. In der Gesellschaft des Tiers fühlt er sich geborgen. Er beginnt, über sein bisheriges Leben nachzudenken, und begreift, dass er in all den Jahren zuvor im Grunde immer einsam gewesen ist.	*Inhaltsangabe* *Assaf denkt über bisheriges Leben nach, erkennt seine Einsamkeit*
Zwar hat er sich regelmäßig anderen Jungen bei ihren Unternehmungen angeschlossen, aber er hat sich dabei immer unwohl gefühlt. Er hat sich ihnen angepasst, obwohl das seinen Bedürfnissen nicht entsprach: Er ist mit ihnen durch die Kneipen gezogen, hat mit ihnen Alkohol getrunken und Wasserpfeife geraucht (vgl. Z. 22). Dabei hat er aber nie das Gefühl gehabt, wirklich dazuzugehören. Stets	*Verhalten früher* *Unternehmungen mit anderen Jungen, hat sich angepasst, hat sich unwohl gefühlt*

Stets hat er all seine Energie dafür gebraucht, nach außen cool zu wirken und „zu verbergen, was er tatsächlich fühlte, tat nur das Nötigste, um den Schein zu wahren" (Z. 35–37). Kontakt zu einem Mädchen aufzunehmen, ist ihm nie gelungen.

fühlte sich nicht zugehörig
hat seine wahren Gefühle verborgen

Ihm wird jetzt auch klar, dass er sich selbst mit seinem besten Freund Roi nicht wirklich verbunden fühlt. Ihm fällt auf, dass er mit Roi keine offenen Gespräche führt (vgl. Z. 70/71), auch nicht über die Fotografie, die ihm zu einem wichtigen Hobby geworden ist. Das Fotografieren macht ihm nicht nur Spaß, sondern beschert ihm auch Erfolgserlebnisse und Anerkennung, denn seine Fotos werden zusammen mit denen anderer Fotografen ausgestellt, obwohl er zehn Jahre jünger ist als sie (vgl. Z. 56/57). Roi hat aber noch keine der Ausstellungen besucht, er interessiert sich nicht einmal dafür.

Beziehung zu Roi
keine wirkliche Verbundenheit
keine offenen Gespräche

Erfolgserlebnisse und Anerkennung durchs Fotografieren

kein Interesse Rois an Ausstellungen

Eigentlich hat Assaf immer nur solche Jugendliche als einsam angesehen, die keine Freunde haben, und sie bemitleidet (vgl. Z. 46/47). Jetzt weiß er, dass es um ihn selbst genau genommen nicht anders steht.

Zwischenergebnis
kein typischer Außenseiter, aber doch einsam

Wenn Assaf an das Mädchen Tamar denkt, stellt er sich vor, mit ihr „an einer schönen Stelle" (Z. 81/82) zu sitzen und sich ernsthaft mit ihr zu unterhalten. Nach all dem, was er von ihr gehört hat, scheint er sich schon fast in sie verliebt zu haben, denn er hat das Gefühl, dass sie einen „Sturm […] in seinem Leben ausgelöst [hat]" (Z. 85/86). In seinem Innern geht er aber davon aus, dass er auch ihr gegenüber vorgeben muss, cool und locker zu sein. Er fürchtet, dass sich der „Sturm der Gefühle" dann schnell wieder legen wird.

Vorstellungen von einer Begegnung mit Tamar
möchte sich ernsthaft mit ihr unterhalten

scheint verliebt in sie zu sein

geht davon aus, dass die Kontaktaufnahme scheitern wird

Assaf ist ein sehr nachdenklicher und sensibler Junge, der seine wahre Persönlichkeit vor anderen verbirgt. Er möchte kein Außenseiter sein und hat sich deshalb immer angepasst, auch wenn ihm die Beschäftigungen anderer in Wirklichkeit missfielen. Dabei hat er sich im Grunde immer einsam gefühlt.

Assafs Persönlichkeit
nachdenklich, sensibel
verbirgt seine wahre Persönlichkeit
passt sich an

Ich glaube schon, dass Assaf sein Verhalten ändern wird, unabhängig davon, ob er eines Tages zu Tamar eine offenere Beziehung herstellen kann als zu seinen Freunden. Ihm ist schlagartig klar geworden, dass er eigentlich immer einsam gewesen ist (vgl. Z. 6–8). Diese Einsicht wird er nicht mehr vergessen. Ich kann mir z. B. nicht vorstellen, dass er seine Freunde wie früher auf ihren Kneipenbesuchen begleiten wird. Er gesteht sich jetzt auch ein, dass er sich anschließend immer elend gefühlt hat, „wie ein Fußsack, gefüllt mit tausenden von Styroporkugeln" (vgl. Z. 39/40). Er wird sicher künftig versuchen, seinen eigenen Weg zu gehen. *(551 Wörter)*

Stellungnahme
Ablehnung der Schülermeinung: Assaf wird sein Verhalten ändern

Zweiter Prüfungsteil: Wahlthema 2

✦ **Hinweis:** *Achte beim **Zusammenfassen** der Materialien M 1 und M 2 darauf, dass du nicht zu sehr an den Originalformulierungen der Texte „kleben" bleibst. Verwende eigene Worte! Überlege jeweils auch, was man aus bestimmten Aussagen ableiten kann. Was sagt es z. B. aus, wenn das Mädchen Nadine manchmal schon morgens vor der Schule online ist, um nachzusehen, ob es neue Nachrichten für sie gibt? Bemühe dich darum, deine Zusammenfassungen gut zu strukturieren. Unterscheide zwischen reinen Beschreibungen, möglichen Erklärungen (warum?) und Folgen (positiv? negativ?).*

*Um die Angaben des Diagramms mit denen der anderen beiden Materialien zu **vergleichen**, solltest du zielorientiert vorgehen. Es geht um die Frage, ob die Ergebnisse die Aussagen von M 1 und M 2 bestätigen oder ihnen widersprechen. Belege deine Aussagen anhand von Zahlen.*

*Um die im Diagramm dargestellten Ergebnisse **bewerten** zu können, musst du überlegen, wie aussagekräftig sie sind. Bedenke, dass in den Balken nur Durchschnittswerte angegeben sind, und überlege, was das bedeutet. Achte auch auf die Altersgruppe, die befragt wurde.*

Bei der Stellungnahme musst du zunächst überlegen, ob du Aziz zustimmen oder ihm widersprechen willst. Danach begründest du deine Meinung. Dabei solltest du dich auf die Materialien beziehen.

Lösungsbeispiel

In den Materialien geht es um die wachsende Abhängigkeit Jugendlicher von den digitalen Medien. | *Gemeinsames Thema*

Im ersten Text wird dargestellt, welche Rolle das Internet heutzutage für Jugendliche spielt. Das wird zunächst am Beispiel zweier Jugendlicher gezeigt: Der 16-jährige Alex schaltet seinen Computer gleich nach der Rückkehr von der Schule ein, und die 14-jährige Nadine ist manchmal sogar schon vor der Schule online. Es heißt, dass viele Eltern gar nichts darüber wissen, was ihre Kinder im Internet tun, weil sie sich nicht damit auskennen. | *Inhaltsangabe M 1*
Bedeutung des Internets, dargestellt am Beispiel zweier Jugendlicher

viele Eltern unwissend, kennen sich nicht aus

Dass die Jüngeren das Netz mehr nutzen als Ältere, zeigt auch eine Studie: Demnach sind unter den 14- bis 29-Jährigen über 90 Prozent im Internet aktiv, bei den über 50-Jährigen dagegen nur 40 Prozent. Auch das Kommunikationsverhalten unterscheidet sich: Jüngere kommunizieren mit anderen lieber über das Internet oder über Kurznachrichten, während sich die über 30-Jährigen am liebsten in einem persönlichen Gespräch mit anderen unterhalten. | *Studie:*
Stärkere Internetnutzung unter Jüngeren als unter Älteren

Unterschiede im Kommunikationsverhalten

Laut der Aussage einer Lehrerin hat das Internet inzwischen einen großen Einfluss auf das Leben ihrer Schüler. Das spiegele sich auch darin wider, wie sie ihre Schulaufgaben erledigen: Bei vielen Schülern habe sich sowohl die Handschrift als auch der Sprachstil verschlechtert. Einige würden ihre Hausaufgaben sogar komplett aus dem Internet abschreiben, ohne dabei ein schlechtes Gewissen zu haben.

Aussage einer Lehrerin: Internet bestimmt das Leben der Schüler, hat auch Einfluss auf schulisches Arbeiten

In dem Text „Digitale Risikokompetenz" geht es um junge Amerikaner, die so abhängig von dem ständigen digitalen Kontakt zu ihren Freunden sind, dass sie sogar beim Autofahren neu eingetroffene Nachrichten lesen. Obwohl sie wissen, dass das Lesen oder Schreiben von SMS beim Autofahren gefährlich ist, können sie sich nicht von diesem Verhalten lösen. Der Verfasser sagt, jedes Jahr würden in den Vereinigten Staaten dadurch rund 2 600 Menschen bei Autounfällen getötet und 330 000 verletzt.

Inhaltsangabe M 2
Ständiger Online-Kontakt unter jungen Amerikanern sogar beim Autofahren üblich → gefährlich

steigende Zahl von Autounfällen

Die Angaben in dem Diagramm bestätigen, dass Jugendliche heutzutage viel Zeit im Internet verbringen. Jungen aus der neunten Klasse chatten im Durchschnitt täglich 103 Minuten, und mit Computerspielen verbringen sie mehr als zwei Stunden. Das sind insgesamt rund vier Stunden am Tag. Mädchen verbringen am Tag etwa eine Stunde weniger im Netz. Sie chatten mit 113 Minuten täglich zwar etwas mehr, beschäftigen sich dafür aber nur 56 Minuten mit Computerspielen, sodass ihr Internetkonsum pro Tag bei rund drei Stunden liegt. Hinzu kommen bei beiden Geschlechtern noch zweieinhalb Stunden vor dem Fernseher. Alles in allem sitzen Neuntklässler also täglich insgesamt mehr als sechs Stunden vor einem Bildschirm. Diese Ergebnisse entsprechen den Informationen aus den ersten beiden Texten. Im Prinzip lässt sich aus allen Materialien ablesen, dass die heutigen Jugendlichen mehr oder weniger ständig online sind und darauf weder verzichten wollen noch können.

Vergleich zwischen Diagramm und M 1, M 2
Diagramm bestätigt grundsätzlich die Aussagen in M 1/M 2

Neuntklässler täglich drei bis vier Stunden online

Jugendliche verbringen Großteil ihrer Freizeit vor einem Bildschirm

Zeit vor Bildschirm entspricht Zeit in der Schule

Da das Diagramm nur Durchschnittswerte anzeigt, wird allerdings nicht deutlich, wie viele Jugendliche am Tag wirklich drei bis vier Stunden online sind. Es kann sein, dass einige sogar noch viel mehr Zeit vor dem Computer verbringen, während andere deutlich darunter liegen. Es fehlt außerdem ein Vergleich mit anderen Altersgruppen. Insofern halte ich die Ergebnisse der Untersuchung nicht für ausreichend.

Bewertung der Ergebnisse
Durchschnittswerte, treffen nicht auf alle Jugendlichen zu
Vergleich mit anderen Altersgruppen fehlt
Ergebnisse nicht ausreichend

Aziz hat recht! Die Zeiten haben sich geändert – und damit auch die Freizeitaktivitäten der Jugendlichen. Als es weder Fernseher noch Computer gab, haben die meisten Teenager wahrscheinlich stundenlang draußen gespielt oder sich mit Freunden getroffen. Aber sie hatten auch kaum eine andere Wahl!

Stellungnahme
Zustimmung: andere Zeiten → veränderte Freizeitaktivitäten

Es ist natürlich richtig, dass wir nicht zu viel Zeit im Netz verbringen sollten. Aber wenn wir stattdessen täglich stundenlang Fußball spielen würden, wäre das den Erwachsenen auch wieder nicht recht. Es kommt eben bei allem auf das richtige Maß an! Ich finde außerdem, dass die Erwachsenen ein bisschen zu viel über unseren Internetkonsum jammern. Dabei vergessen sie, dass wir den Computer auch für unsere Hausaufgaben nutzen. Die 14-jährige Nadine z. B. nutzt das Internet auch dazu, Informationen für ihre Hausaufgaben zu suchen (vgl. M 1, Z. 13/14).

Es kommt auf das richtige Maß an

Klagen der Erwachsenen überzogen

Computer auch für Hausaufgaben nützlich

(601 Wörter)

▶ Lösungen Original-Prüfungsaufgaben Deutsch 2017

Erster Prüfungsteil: Leseverstehen

✦ **Hinweis:** *Lies den Text gründlich durch. Bearbeite die Aufgaben dann der Reihe nach. Unterstreiche die Textstellen, die für die Beantwortung der jeweiligen Frage wichtig sind. Beachte:*

1. *Jede Antwort steht im Text.*
2. *Bei den meisten Fragen wird der Abschnitt genannt, in dem du die richtige Antwort findest. Konzentriere dich auf diesen Abschnitt.*
3. *Prüfe bei Multiple-Choice-Aufgaben (Auswahl aus mehreren Lösungsmöglichkeiten) jede einzelne Möglichkeit anhand des Textes. Kreuze die Lösung erst an, wenn du die Textstelle gefunden hast, die deine Antwort belegt.*
4. *Wenn die Arbeitsanweisung lautet „Kreuze die richtige Antwort an.", kann es nur eine richtige Antwort geben. Bei Formulierungen wie „Welche der folgenden Aussagen sind richtig?" sind mehrere Möglichkeiten anzukreuzen.*
5. *Die Informationen aus dem Text werden in der Regel nacheinander abgefragt. Du kannst den Text also von oben nach unten „abarbeiten".*

1. Mira Modi verdient Geld mit dem Verkauf von Passwörtern (Abschnitt 1), weil ...

   a) ☐ sichere Passwörter teuer sind.

   b) ☐ die Anwendung leicht ist.

   c) ☐ die Leute gerne würfeln.

   d) ☒ die Kunden bequem sind.

   ✦ **Hinweis:** *In den Zeilen 1/2 heißt es, dass der Verkauf von Passwörtern „ein Geschäft mit der Faulheit der Leute" ist. Das Wort „bequem" aus Antwort d ist ein anderer Ausdruck für „faul", meint hier aber das Gleiche.*

2. In erster Linie gilt ein Passwort als sicher (Abschnitt 3) durch die ...

   a) ☒ Anzahl der Zeichen.

   b) ☐ Anordnung von Zahlen.

   c) ☐ Kombination von Buchstaben.

   d) ☐ Vielfalt der Wörter.

   ✦ **Hinweis:** *Passwörter gelten als sicher, wenn sie „möglichst lang" (Z. 20/21) sind. Dem Text zufolge kommt es also auf die Anzahl der Zeichen an.*

3.

Vorgehen bei der Diceware-Methode	Reihenfolge: 1, 2, 3
a) aus einer Liste ein Wort suchen	2
b) eine Zahl mit fünf Stellen würfeln	1
c) das gefundene Wort aufschreiben	3

✎ **Hinweis:** *Die Lösung steht hintereinander im Text. Bei der Diceware-Methode wird zunächst eine fünfstellige Zahl gewürfelt (vgl. Z. 35/36; Antwort b), danach sucht man in einer Liste nach dem Wort für die Zahl (vgl. Z. 36–38; Antwort a). Zuletzt muss schließlich Antwort c folgen, auch wenn dieser Schritt („das gefundene Wort aufschreiben") in Abschnitt 4 nicht direkt erwähnt wird.*

4. Die Passwort-Kette von Mira Modi (Abschnitt 4) besteht aus …

a) ☐ einer Reihe von Zahlen.

b) ☐ der Auflistung von Zeichen.

c) ☒ einer Folge von Wörtern.

d) ☐ der Idee für eine Geschichte.

✎ **Hinweis:** *Gleich drei Textstellen liefern dir in Abschnitt 4 Hinweise auf die richtige Lösung: Dem Anfang des Abschnitts kannst du entnehmen, dass Miras Passwörter aus „mehreren Wörtern" (Z. 32) zusammengesetzt sind. Zudem erfährst du in den Zeilen 38–41 und 45–48, dass Mira Modi Passphrasen erzeugt, die aus sechs Wörtern bestehen.*

5. Die Diceware-Methode ist sicher (Abschnitt 4) durch die …

a) ☐ Ansammlung von Zahlen und Wörtern.

b) ☐ Anzahl von Wörtern in einer Liste.

c) ☐ große Menge an gewürfelten Zahlen.

d) ☒ Zuordnung von Zahlen zu Wörtern.

✎ **Hinweis:** *Die Antwortmöglichkeiten a und d wirken auf den ersten Blick sehr ähnlich, unterscheiden sich jedoch in den Wörtern „Ansammlung" und „Zuordnung". Überlege, was mit den beiden Begriffen gemeint ist, bevor du dich für eine Antwort entscheidest. In den Zeilen 36–38 steht sinngemäß, dass jeder Zahl genau ein Wort* **zugeordnet** *ist. Antwort d ist also richtig.*

6. Viele Internet-Benutzer kaufen bei Mira Modi ein Passwort (Abschnitt 5), weil sie ...

   a) ☐ keine eigenen Ideen haben.

   b) ☐ nicht denken können.

   c) ☐ keine Würfel haben.

   d) ☒ Zeit sparen möchten.

   ✎ *Hinweis: Neben dem genauen Lesen hilft dir bei dieser Frage das Ausschlussverfahren. Die Antwortmöglichkeiten a, b und c werden in Abschnitt 5 nicht genannt. Im Text steht jedoch, dass sich nur wenige Personen Zeit „zum Würfeln nehmen" (Z. 52). Antwort d ist somit korrekt.*

7. Mira Modis Mutter arbeitete an einem Buch über die Privatsphäre im Internet. Während der Arbeit an dem Buch bat sie ihre Tochter darum, Passwörter nach der Diceware-Methode zu erstellen. So lernte Mira diese Methode kennen und kam schließlich auf die Idee, diese speziellen Passwörter auch zu verkaufen.

   ✎ *Hinweis: In Abschnitt 5 findest du alle nötigen Informationen, um die Frage zu beantworten. Wichtig ist, dass du die Antwort mit eigenen Worten formulierst.*

8. Damit sie mit ihrer Idee Geld verdienen kann (Abschnitt 5), verkauft Modi ihre Passwörter ...

   a) ☐ bei einer Veranstaltung.

   b) ☒ durch einen Internetauftritt.

   c) ☐ in einer Fachzeitschrift.

   d) ☐ durch einen Bucheintrag.

   ✎ *Hinweis: Im Text werden zwei Arten genannt, wie Mira die Passwörter verkauft: Auf den Lesungen der Mutter und im Internet. Hier geht es darum, wie Mira mit ihrer Idee **Geld verdienen** kann. Der Verkauf der Passwörter auf den Lesungen der Mutter war „nicht besonders gewinnbringend" (Z. 63/64). Antwort a scheidet daher aus. Mira richtete sich anschließend eine eigene Website ein, um ihre Passwörter im Internet anzubieten (vgl. Z. 64/65). Antwort b ist also korrekt.*

9. Die Kunden erhalten das Passwort (Abschnitt 6) ...

a) ☐ ausgedruckt.

b) ☐ eingescannt.

c) ☒ aufgeschrieben.

d) ☐ ausgehändigt.

✎ **Hinweis:** Im Text heißt es: Mira „**schreibt** die Passphrase mit der Hand auf ein Stück Papier" (Z. 74/75).

10. Um das Passwort noch mehr zu schützen (Abschnitt 6), empfiehlt Mira Modi Kunden, das Passwort zu ...

a) ☐ verschlüsseln.

b) ☐ vernichten.

c) ☒ verändern.

d) ☐ verzieren.

✎ **Hinweis:** Im Text steht, dass die Kunden „kleine Änderungen" (Z. 77/78) an dem Passwort vornehmen sollen.

11. In dem Text wird deutlich, dass die Diceware-Methode ...

a) ☐ eine Idee von Mira Modi ist.

b) ☒ nicht besonders aufwändig ist.

c) ☐ für Hacker sehr attraktiv ist.

d) ☐ absolut sicher ist.

✎ **Hinweis:** Zu a: Es wird an keiner Stelle erwähnt, dass die Diceware-Methode eine „Idee" von Mira Modi ist.
Zu b: Im ersten und zweiten Abschnitt heißt es bereits, dass die Methode „ganz einfach" (Z. 5) ist und Mira Modi „nur ein paar Würfel, einen Stift und eine Wortliste" (Z. 6/7) braucht. Antwort b ist also korrekt.
Zu c: In den Zeilen 41–43 heißt es ausdrücklich, dass die Methode „für Hacker nicht besonders attraktiv" ist.
Zu d: Mira Modi ist sich darüber bewusst, „dass auch ihre Passwörter nicht absolut sicher sind." (Z. 79/80)

12. Zur Aussage des Schülers Stellung nehmen, die eigene Meinung begründen und mit Textstellen belegen

✎ **Hinweis:** Du kannst die Meinung des Schülers ablehnen oder ihr zustimmen. Wichtig ist, dass du deine Ansicht begründest. Dabei sollst du dich auf den Text beziehen. Suche zunächst im Text nach Argumenten, die deine Position stützen und markiere sie. Schreibe dann deine

Stellungnahme, in der du die ausgewählten Textstellen kommentierst und so deine Meinung begründet darlegst.

Beispiele für Textbezüge:
Zustimmung:
- Erstellung von Passwörtern nach der Diceware-Methode ist sehr einfach (vgl. Z. 4/5)
- Versuch, Passwörter gewinnbringend zu verkaufen (vgl. Z. 63–65)
- Passwörter sind nicht absolut sicher (vgl. Z. 79/80)

Ablehnung:
- Passwörter sind einzigartig (vgl. Z. 41)
- Erstellung der Passphrasen macht Arbeit (vgl. Z. 35–41 und Z. 74–76)
- aufwändiger Versand per Post (vgl. Z. 67–69)

Lösungsvorschlag für Zustimmung:

Ich stimme der Meinung des Schülers zu. Mira geht es nur darum, Geld zu verdienen. Sie zockt ihre Kunden ab. Sie weiß, dass „ihre Passwörter nicht absolut sicher sind" (Z. 79/80) und auch der Entwickler der Diceware-Methode sagt, dass Passwörter, die nach seiner Methode erstellt werden, „geknackt werden [können]." (Z. 84/85) Trotzdem verlangt Mira Geld für diese Passphrasen. Es ist also offensichtlich, dass es ihr nur darum geht, möglichst viel einzunehmen. Nachdem der Verkauf der Passwörter bei den Lesungen ihrer Mutter „nicht besonders gewinnbringend" (Z. 63/64) ist, richtet sie sich sogar „eine eigene Website" (Z. 65) ein, um ihre Passwörter für je zwei Dollar zu verkaufen. Dieser Preis ist deutlich zu hoch dafür, dass jeder ganz einfach selbst Passwörter nach der Diceware-Methode erstellen kann.

Lösungsvorschlag für Ablehnung:

Ich bin nicht der Meinung des Schülers. Zwar verkauft Mira Modi ihre Passwörter im Internet für zwei Dollar (vgl. Z. 66), doch hat sie auch viel Arbeit mit der Erstellung und dem Versand der Passwörter. Sie setzt für jeden Kunden eine einzigartige Passphrase aus sechs Wörtern zusammen (vgl. Z. 40/41). Jedes Passwort schreibt sie „mit der Hand auf ein Stück Papier" (Z. 74/75) und verschickt es aus Sicherheitsgründen nicht per E-Mail, sondern mit der Post (vgl. Z. 68/69). Zudem hat auch Mira Ausgaben, etwa für die Versandkosten und den Kauf der Briefumschläge. Ihr Gewinn ist also vermutlich nicht mehr sehr groß. Jeder Kunde zahlt freiwillig dafür, dass er ein Passwort bequem nach Hause geschickt bekommt. Von Abzocke kann daher keine Rede sein.

Zweiter Prüfungsteil: Wahlthema 1

✦ **Hinweis:** Bei der Analyse (Untersuchung) eines literarischen Textes empfiehlt sich grundsätzlich folgendes Vorgehen:

1. Lies den Text vollständig und gründlich durch.
2. Überlege, wovon der Text handelt. Was ist das zentrale Thema? Markiere auffällige Textstellen.
3. Lies dir dann die Aufgabenstellung gründlich durch. Am besten nummerierst du die **einzelnen Teilaufgaben,** damit du beim Schreiben nichts vergisst.
4. Der Schreibplan für deine Textanalyse ist dir durch die Aufgabenstellung schon **Schritt für Schritt** vorgegeben. Bearbeite deshalb die Teilaufgaben unbedingt **der Reihe nach.**
5. Beginne mit der ersten Teilaufgabe. **Unterstreiche** die Textstellen, die für die Antwort wichtig sind, und mache am Rand **Notizen** dazu.
6. Notiere auf einem gesonderten Blatt **Stichworte** oder kurze Sätze zu den wichtigsten Informationen. So hast du ein grobes Konzept für die Lösung der jeweiligen Teilaufgabe. Gleichzeitig trainierst du mit dieser Übung zwei Fähigkeiten:
   - den Blick für das Wesentliche zu entwickeln und
   - Textstellen in eigene Worte umzuformulieren.

   Denn es wird immer wieder von dir verlangt, Inhalte mit deinen **eigenen Worten** wiederzugeben. Bedenke: Eine Aufgabe ist nie damit gelöst, dass du die Textvorlage abschreibst. Dafür gibt es keine Punkte.
7. Formuliere aus deinen Stichworten einen **zusammenhängenden Lösungstext.** Achte dabei auf eine **saubere äußere Form.**
8. Wichtig ist, dass du den Text **nicht nacherzählst,** sondern dass du nur die Informationen heraussuchst, die zur jeweiligen Teilaufgabe passen.
9. Beachte die Zeitform: Schreibe die Textanalyse im **Präsens.**
10. Lies deinen Text nochmals gründlich durch und verbessere Fehler und Formulierungsschwächen.

Im Folgenden findest du zunächst stichwortartige Antworten zu jeder einzelnen Teilaufgabe. Im Anschluss daran folgt das vollständige Lösungsbeispiel.

Teilaufgabe 1

Einleitung schreiben, darin Titel und Autorin nennen sowie Thema formulieren

✦ **Hinweis:** Die Angaben zu Titel und Autorin stellen kein Problem dar. Auch die Textsorte ist eindeutig: Es handelt sich um einen Auszug aus einem Roman, also um einen literarischen Text. Über das **Thema** musst du dir dagegen intensiv Gedanken machen. Es reicht z. B. nicht, wenn du schreibst: Ruby arbeitet in Mr Vines Supermarkt. Das würde den Kern des Textes nicht treffen. Frage dich: Welche Absicht verfolgt die Autorin? Worauf will sie aufmerksam machen? Lies dir den Text noch einmal durch und lass ihn auf dich wirken. Worum geht es? Möglicherweise helfen dir **Schlüsselwörter,** also Wörter, die sehr häufig vorkommen. In diesem Text fallen vor allem die Wörter „Arbeit", „bezahlen" und „Geld" auf. Rubys Forderung, für ihre Arbeit entlohnt zu werden, scheint also ein zentrales Thema zu sein. Auch der Gedanke der Ich-Erzählerin, dass sie Rückgrat *zeigen müsse (vgl. Z. 81), kann dir bei der Formulierung des Themas helfen. Wichtig erscheinen in diesem Zusammenhang die einleitenden Sätze, in denen der Leser erfährt, dass Ruby eigentlich eher zurückhaltend und bescheiden ist. Diese Angaben sind entscheidend für die Interpretation der Textstelle.*

Stichwortartige Antworten:

Titel: Am Ende des Alphabets

Autorin: Fleur Beale

Thema: zurückhaltendes Mädchen, das sich mit Mut, Hartnäckigkeit und Entschlossenheit gegen seinen ungerechten Chef durchsetzt

Teilaufgabe 2

Den Text zusammenfassen

✔ **Hinweis:** *Gehe folgendermaßen vor:*
1. *Arbeite den Text Absatz für Absatz durch.*
2. *Fasse für jeden Absatz wichtige Informationen und Gedanken als Stichworte oder kurze Sätze auf einem separaten Blatt zusammen.*
3. *Formuliere aus den Stichworten einen zusammenhängenden Text.*
4. *Beachte dabei die wichtigsten **Regeln zur Inhaltsangabe:***
   * *Schreibe im **Präsens** (Gegenwartsform).*
   * *Wandle wörtliche (direkte) Rede in **indirekte Rede** um. Achte dabei auf die richtige Konjunktivform.*

   __Beispiel:__   Direkte Rede: Mr Vine sagt: „Du hast das Klo nicht geputzt."

   Indirekte Rede: Mr Vine sagt zu Ruby, dass sie das Klo nicht geputzt habe.
   * *Vermeide es, deine eigene Meinung einzubringen und beschränke dich auf die Informationen, die der Text liefert.*
5. *Wichtig ist, dass du **keine Nacherzählung** schreibst, sondern die **wichtigsten Informationen** zu den Ereignissen mit deinen **eigenen Worten** wiedergibst.*

Stichwortartige Antworten:

* Rubys erster Arbeitstag als Aushilfe in einem Supermarkt
* ungerechtes und respektloses Verhalten des Chefs gegenüber seiner Angestellten
* Konflikt mit dem Chef und Streit über die Bezahlung
* Entschlossenheit Rubys, ihre Forderung, täglich bezahlt zu werden, trotz ihrer Angst durchzusetzen
* Erfolg Rubys aufgrund der Unterstützung durch zwei Kunden des Supermarkts

Teilaufgabe 3

Das Verhalten Mr Vines gegenüber Ruby sowie den Kunden darstellen

∮ **Hinweis:** *Hier musst du zeigen, dass sich Mr Vine gegenüber Ruby und gegenüber seinen Kunden völlig unterschiedlich verhält. Notiere dir dazu am besten Stichpunkte, die sein Verhalten gegenüber beiden Seiten aufzeigen. Dabei ist es sinnvoll, einen Textabschnitt nach dem anderen durchzuarbeiten und zunächst sein Verhältnis zu Ruby zu analysieren. Danach untersuchst du sein Auftreten gegenüber den Kunden. Notiere dir auch die entsprechenden Zeilenangaben der Textstellen, dann kannst du später in deiner zusammenhängenden Darstellung schneller darauf zurückgreifen. Für deine Textanalyse ist es nämlich wichtig, dass du dich auf Textstellen beziehst. Dabei kannst du wörtlich zitieren, die indirekte Rede verwenden oder die Textaussagen sinngemäß wiedergeben. In jedem Fall solltest du immer die entsprechende Zeilenzahl angeben.*

Stichwortartige Antworten:

Verhalten gegenüber Ruby

- Unfreundlichkeit und grober Umgang (vgl. Z. 2/3)
- keine Begrüßung, keine namentliche Ansprache (vgl. Z. 3/4)
- respektloser Befehlston (z. B. „Fang an." Z. 3 / „An die Arbeit oder raus." Z. 63)
- Unzufriedenheit mit Rubys Arbeit (vgl. Z. 25)
- bestimmendes Auftreten und Unbeherrschtheit (vgl. Z. 15/16)
- Beleidigungen und Bloßstellungen (z. B. „Du kannst ja noch nicht einmal einen Boden wischen" Z. 25–27 / „Verzieh dich" Z. 108)

Verhalten gegenüber den Kunden

- freundlicher Plauderton (vgl. Z. 70/71)
- sympathisches Auftreten (vgl. Z. 74)
- macht viele Scherze (vgl. Z. 84–86)
- aufgesetzte Fröhlichkeit (vgl. Z. 98/99)
- Veränderung der Situation am Ende: verärgertes Lächeln (vgl. Z. 118)

Teilaufgabe 4

Untersuchen, welche Empfindungen Ruby während des Konflikts durchlebt

∮ **Hinweis:** *Ruby durchlebt an diesem Tag viele aufwühlende Gefühlszustände. In deiner Textanalyse musst du die gesamte Bandbreite an Gefühlen, die Ruby empfindet, darstellen. Einige Empfindungen spricht sie direkt aus, andere musst du dir aus dem Text erschließen. Notiere dir die Gefühlsausdrücke, die du im Text findest, zunächst stichpunktartig. Gehe dabei wieder Abschnitt für Abschnitt vor und schreibe zu jeder Textstelle die entsprechende Zeilenzahl auf.*

Stichwortartige Antworten:

- Schreck über Unbeherrschtheit des Chefs („Er ließ die Faust auf den Tresen donnern." Z. 15/16)
- Gefühl, sich gegen Mr Vine wehren zu müssen (vgl. Z. 28–31)

- Nervosität, Angst („Mein Herz klopfte" Z. 50 / „Trotzdem zitterte ich" Z. 82/83)
- Wut, Ärger („Ich funkelte ihn böse an." Z. 31/32)
- Mut (vgl. Z. 50–54 / „Ich musste Rückgrat zeigen" Z. 79)
- Übelkeit („Mir war übel." Z. 60)
- Kampfgeist und Unerschrockenheit (vgl. Z. 87–90)
- Erleichterung und Glück (vgl. Z. 123/124)

Teilaufgabe 5

Erläutern, wie Rubys Verärgerung über Mr Vine durch sprachliche und formale Mittel deutlich wird

✔ *Hinweis: Hier musst du anwenden, was du im Unterricht über rhetorische Mittel gelernt hast. Zeige auf, wie Rubys Empörung und ihre Wut durch die sprachliche Gestaltung des Textes zum Ausdruck kommen. Achte genau auf die Wortwahl, vorhandene Sprachbilder und die Erzählperspektive. Aus der Art und Weise, wie Ruby spricht, kannst du Rückschlüsse auf die Spannungen, die zwischen Mr Vine und ihr herrschen, ziehen.*

Stichwortartige Antworten:
- Ich-Erzählung aus Rubys Sicht: Ihre Gedanken und Gefühle (insbesondere die Wut auf Mr Vine) werden besonders deutlich
- bildhafte Sprache veranschaulicht Mr Vines Aggressivität
  <u>Beispiel:</u> „Er ließ die Faust **auf den Tresen donnern**." (Z. 15/16)
- Wortwahl, die Mr Vine negativ darstellt
  <u>Beispiele:</u> „Mr Vine verwandelte sich wieder in ein **Ekel**" (Z. 62/63) / „Ha, das geschah ihm recht, diesem **Griesgram**." (Z. 40/41)
- ausdrucksstarke Verben zur Verdeutlichung von Rubys Wut auf Mr Vine
  <u>Beispiele:</u> „Ich **funkelte** ihn böse an." (Z. 31/32) / Er ließ den Mop „auf den Boden **klatschen**" (Z. 36) / Er „**rammte** den Mop in den Eimer und **stiefelte** davon." (Z. 41/42)

Teilaufgabe 6

Zur Aussage des Schülers Stellung nehmen, die eigene Meinung begründen und am Text belegen

✔ *Hinweis: Du kannst der Aussage zustimmen, ihr widersprechen oder eine neutrale Position einnehmen. Wichtig ist, dass du deine Meinung anhand des Textes begründest. Das heißt, dass du aus dem Text Argumente sammeln musst, die deine Position stützen. Auch eigene Gedanken aus deiner alltäglichen Lebenserfahrung kannst du einbringen. Deine Argumentation wird glaubwürdiger und* verständlicher, wenn du auch die Sicht der Gegenseite berücksichtigst. Entscheidend ist, dass deine Position klar wird und der Leser sie nachvollziehen kann. Entscheide dich für eine Position und suche im Text Belege, die deine Argumentation stützen.

Stichworte für Zustimmung:

- Ruby fordert bereits Geld, ohne überhaupt mit der Arbeit begonnen zu haben (vgl. Z. 5/6)
- Ihre Geldforderung drückt Misstrauen gegenüber Mr Vine aus (vgl. Z. 7/8)
- Die distanzierte Haltung Mr Vines ist daher verständlich
- Die hartnäckige Geldforderung für nur eine Arbeitsstunde ist unangebracht
- Ruby verhält sich unangemessen: Sie fordert ihren Chef auf, ihre Arbeit zu erledigen (vgl. Z. 30/31)
- Ruby widersetzt sich den Anweisungen von Mr Vine (vgl. Z. 51–54)

Stichworte für Ablehnung:

- Das respektlose Verhalten des Chefs erfordert ein selbstbewusstes Auftreten von Ruby
- Mr Vine empfängt Ruby unfreundlich und unhöflich im Supermarkt (vgl. Z. 3/4)
- Er spricht in einem unangebrachten Befehlston mit ihr, dennoch arbeitet Ruby engagiert (vgl. Z. 67/68)
- Mr Vine drückt seine Unzufriedenheit über Rubys Leistung herablassend aus
- Die Gegenwehr Rubys ist berechtigt und mutig (vgl. Z. 30/31)
- Ihre Forderung, für die Arbeit bezahlt zu werden, ist verständlich

Lösungsbeispiel

In dem Auszug des Romans „Am Ende des Alphabets" von Fleur Beale geht es um ein eigentlich zurückhaltendes Mädchen, das sich mit Entschlossenheit und Mut gegen ihren unverschämten und ungerechten Chef durchsetzt.

Einleitung
Titel, Autor, Thema

Die Ich-Erzählerin Ruby beginnt als Aushilfe in einem Supermarkt in einer amerikanischen Kleinstadt zu arbeiten. Ihr Chef, Mr Vine, behandelt sie von Anfang an ungerecht und respektlos. Bereits am ersten Arbeitstag kommt es zu einem Streit zwischen den beiden. Ruby besteht darauf, direkt nach getaner Arbeit ausbezahlt zu werden. Sie bringt Mr Vine zwar dazu, einzuwilligen, später weigert sich der Chef

Zusammenfassung des Textes
Rubys erster Arbeitstag im Supermarkt

Streit über die Entlohnung

jedoch, ihr den vereinbarten Stundenlohn zu zahlen. Die eigentlich zurückhaltende Ruby lässt sich aber nicht von ihrem Chef einschüchtern und kämpft für ihr Recht. Dabei bekommt sie unerwartete Hilfe von den Kunden des Supermarkts und kann sich schließlich durchsetzen.

Ruby setzt sich durch und bekommt ihr Geld

Mr Vine verhält sich durchgehend unfreundlich gegenüber
Ruby. Als sie ihre Arbeit antritt, begrüßt er sie weder, noch
fragt er sie nach ihrem Namen. Stattdessen drückt er ihr einen Wischmop in die Hand und befiehlt ihr, anzufangen
(vgl. Z. 3). Obwohl Ruby sich anstrengt, ist ihr Chef nicht
zufriedenzustellen und kritisiert ihre Arbeit. So wirft er ihr
zum Beispiel vor, dass sie „nicht einmal einen Boden wischen" (Z. 26/27) könne. Mr Vine tritt Ruby sehr bestim-
mend entgegen und richtet fast ausschließlich Befehle an
sie.

Mr Vines Verhalten

*bestimmendes, unhöf-
liches Verhalten gegen-
über Ruby*

Den Kunden gegenüber verhält er sich vollkommen anders.
Er unterhält sich mit ihnen im freundlichen Plauderton (vgl.
Z. 70/71), macht Scherze (vgl. Z. 85/86) und selbst, als der
LKW-Fahrer den Konflikt mit Ruby mitbekommt und Mr
Vine verwundert anstarrt, setzt dieser noch „ein breites
Lächeln" (Z. 98) auf. Erst nachdem sich die Kunden für
Ruby einsetzen und Mr Vine nachgeben muss, verändert
sich sein Verhalten ihnen gegenüber. So hat er am Ende nur
noch ein „schmales Lächeln" (Z. 118) für den Trucker übrig.

*freundliches, sympa-
thisches Auftreten
gegenüber den Kunden*

Ruby durchlebt an ihrem ersten Arbeitstag die verschiedensten Gefühlszustände. Gleich zu Beginn beschreibt sie, wie
ihr Chef seine „Faust auf den Tresen donnern" (Z. 15/16)
lässt. Daraus kann man schließen, dass sie erschrocken über
seine Grobheit und Unbeherrschtheit ist. Dennoch lässt
sich die eigentlich zurückhaltende Ruby nicht unterkriegen.
Sie ist zwar merklich nervös, tritt Mr Vine jedoch trotzdem
mutig entgegen und lässt ihn ihre Wut über sein Verhalten
deutlich spüren (vgl. Z. 30–32). Doch auch wenn Ruby
nach außen selbstbewusst auftritt, wird besonders in den
Zeilen 92/93 deutlich, dass sie der Konflikt belastet: „Mir
war schlecht, und mein Herz klopfte wie verrückt." Durch
ihren Kampfgeist und ihre Hartnäckigkeit gelangt sie jedoch

**Rubys Empfindungen
während des Kon-
flikts**

*Schreck über Grobheit
Mr Vines*

*mutiges Auftreten
trotz Nervosität*

Wut auf Mr Vine

Übelkeit und Angst

schließlich an ihr Ziel: Sie bekommt ihr Geld. Darüber ist sie so erleichtert und glücklich, dass sie den Kunden, die ihr geholfen haben, „am liebsten [...] um den Hals gefallen" (Z. 124/125) wäre.

Freude und Erleichterung

Die Geschehnisse im Supermarkt werden als Ich-Erzählung aus Rubys Sicht geschildert. Dadurch erhält der Leser einen genauen Einblick in ihre Gedanken und Gefühle und kann ihre Verärgerung über Mr Vine besonders gut nachempfinden. Durch sprachliche Bilder wird Rubys Wut auf ihren Chef zusätzlich deutlich. Ein Beispiel dafür ist die Metapher in den Zeilen 60/61: „Ich ballte die Fäuste und bohrte sie mir in den Bauch." Diese Metapher zeigt Rubys Reaktion auf Mr Vines Verhalten und veranschaulicht, wie sehr sie sich über ihren Chef aufregt. Auch an Rubys Wortwahl ist ihre Wut auf Mr Vine zu erkennen. Im Text bezeichnet sie ihn zum Beispiel als „Griesgram" (Z. 41) und „Ekel" (Z. 63), wodurch ihre Abneigung gegenüber Mr Vine zum Ausdruck kommt. Zudem wird Rubys Verärgerung über das Verhalten ihres Chefs sprachlich durch die vielen ausdrucksstarken Verben deutlich, durch die ein negatives Bild von Mr Vine gezeichnet wird. So lässt er z. B. den Mop „auf den Boden klatschen" (Z. 36), „rammt[...]" (Z. 41) ihn in den Eimer und „stiefelt[...]" (Z. 42) davon.

Verdeutlichung von Rubys Ärger durch sprachliche und formale Mittel
Ich-Erzählung

sprachliche Bilder

negative Wortwahl im Bezug auf Mr Vine

ausdrucksstarke Verben

(597 Wörter)

Lösungsvorschlag für Zustimmung

Ich bin auch der Meinung, dass man so wie Ruby am ersten Tag im neuen Job nicht auftreten sollte. Sicher ist der Ton von Mr Vine ruppig und unhöflich. Doch auch Ruby verhält sich gleich zu Beginn ihres Arbeitstages ungeschickt, indem sie ihre Bezahlung einfordert, ohne auch nur mit der Arbeit begonnen zu haben (vgl. Z. 5/6). Damit drückt sie ihrem Chef gegenüber Misstrauen aus. Diese negative Einstellung ist sicher keine gute Voraussetzung für eine vertrauensvolle Zusammenarbeit und dürfte auch Mr Vine nicht verborgen geblieben sein. Seine ablehnende Haltung ist daher verständlich. Zudem lässt sich Ruby nichts von ihrem Chef sa-

Stellungnahme
Position: Rubys Auftreten ist unangemessen

gen. Auch wenn Mr Vines Kritik hart und teilweise respektlos ist (Z. 25–27), ist es unangemessen, sofort auf Konfron-
tationskurs zu gehen. Das tut Ruby, indem sie ihrem Chef
den Wischmop in die Hand drückt und ihn auffordert, ihre
Arbeit zu tun (vgl. 28–31). Ruby akzeptiert nicht, dass sie
sich Mr Vine unterordnen muss. Dieses Verhalten würde
wohl jeden Chef verärgern. Trotz des unfreundlichen Ver-
haltens von Mr Vine habe ich deshalb kein Verständnis für
Ruby. *(179 Wörter)*

Lösungsvorschlag für Ablehnung
Ich bin nicht der Meinung, dass Ruby sich falsch verhält. Bei
diesem Chef hat sie meiner Meinung nach keine andere
Wahl, als bestimmt und hartnäckig aufzutreten. Mr Vine
empfängt sie bereits zu ihrem ersten Arbeitstag unfreundlich. Anstatt sie zu begrüßen, sich vorzustellen und sie nach
ihrem Namen zu fragen, drückt er ihr einen Wischmop in
die Hand und befiehlt ihr, mit der Arbeit zu beginnen (vgl.
Z. 3). Obwohl Mr Vine unhöflich ist und offenbar schnell
aggressiv wird, bleibt Ruby im Supermarkt und beginnt zu
arbeiten. Sie ist engagiert und gibt sich große Mühe (vgl.
Z. 17–25), doch Mr Vine ist nicht zufriedenzustellen. Ihre
erste Arbeitsleistung kommentiert er mit den Worten: „Du
kannst ja noch nicht einmal einen Boden wischen."
(Z. 25–27). Diese Reaktion ist respektlos und herablassend.
Es ist daher mehr als verständlich, dass Ruby sich zur Wehr
setzt und nach getaner Arbeit hartnäckig auf die Auszahlung
ihres Lohnes besteht. Ruby verdient für ihr mutiges und
entschlossenes Auftreten Anerkennung. Ihr Verhalten ist
zwar ungewöhnlich, aber das Benehmen dieses Chefs fordert eine solche Reaktion – es ist daher gerechtfertigt.
(178 Wörter)

*Position: Rubys Ver-
halten ist angemessen*

Zweiter Prüfungsteil: Wahlthema 2

✎ **Hinweis:** *In dieser Aufgabe sollst du über „Comics" **informieren**. Du musst davon ausgehen, dass der Leser deines Textes nichts über dieses Thema weiß. Daher musst du es möglichst anschaulich darstellen. Was sind Comics überhaupt? Was ist das Besondere an ihnen? Warum sind die einen davon begeistert, während andere diese Form von Literatur kritisieren?*

*Im Wesentlichen entsprechen diese Fragen den einzelnen Teilaufgaben. Die Antworten dazu findest du in den **Materialien** M 1 – M 5. Lies sie sorgfältig durch und werte sie für jede **Teilfrage** nacheinander aus. Jeder Text, jedes Bild und jede Skizze können wichtige Informationen liefern. Kontrolliere dich dabei immer wieder selbst: Antwortest du auf die jeweilige Frage?*

*Suche und markiere geeignete Informationen in den Materialien und notiere sie als **Stichworte** auf einem gesonderten Blatt. Schreibe neben jeden Stichpunkt auch das Material, dem du die Information entnommen hast. Diese stichwortartigen Antworten zu den einzelnen Teilaufgaben bilden deinen **Schreibplan**. Am Ende schreibst du aus deinen Stichworten einen zusammenhängen Text. Achte dabei darauf, keine Formulierungen aus den Materialien zu übernehmen, sondern eigene Worte zu verwenden.*

Bearbeite Teilaufgabe 1 zum Schluss. Wenn du dich in das Thema vertieft hast, fällt es dir leichter, eine passende Überschrift zu finden. In Teilaufgabe 5 steht ausdrücklich, dass du auch eigene Erfahrungen in die Schlussfolgerung einfließen lassen sollst. Überlege dir hierzu, welche positiven Erfahrungen du schon mit Comics gemacht hast und warum es jungen Menschen in deinem Umfeld Spaß macht, Comics zu lesen.

Schreibplan	Mögliche Inhalte (Stichworte)	Quellen
Überschrift	Comics: Zwischen Schundliteratur und Kunst	
Einleitung	**Was ist ein Comic und woher stammt der Begriff?**	
Definition von Comic und Begriff herleiten	• gezeichnete Bildergeschichte	M 1 a
	• Aussagen und Gedanken stehen in Sprechblasen	M 1 a
	• Begleittext unter bzw. neben den Bildern	M 1 a
	• Begriff leitet sich vom Adjektiv „komisch" ab	M 1 b
Hauptteil Merkmale und sprachliche Besonderheiten von Comics	**Welche speziellen Merkmale und sprachlichen Besonderheiten weisen Comics auf?**	
	• bildliche Darstellung von Gefühlen	M 2
	• Wiedergabe von Text fast ausschließlich als direkte Rede	M 2
	• Bewegungsstriche zur Erzeugung von Dynamik	M 1 a
	• kurze Sätze und einfache Sprache	M 3 a

	• verkürzte Verben zur Darstellung von Geräuschen sowie Gedanken und Gefühlen	M 3 c
	• Mischung aus Wort und Bild	M 2
	• Darstellung von Tönen und Geräuschen durch Lautmalereien	M 3 b

Bewertung von Comics früher und heute	**Wie wurden Comics früher bewertet und wie werden sie heute bewertet?**	
	Früher:	
	• große Beliebtheit von Comics	M 4 a
	• Comic-Industrie boomt	M 4 a
	• aber: Comicgegner befürchten negative Auswirkungen auf Jugendliche	M 4 a
	• Comics werden als Schundliteratur bezeichnet und sogar verboten	M 4 a
	Heute:	
	• Comics werden von der Gesellschaft akzeptiert	M 4 b
	• Comic wird als literarische Kunstform gesehen	M 4 b
	• großes Interesse an Comics bei Film- und Fernsehproduzenten	M 4 b
	• trotzdem noch immer Skepsis bei einigen Eltern	M 5 a

Schlussfolgerung Gründe für die Beliebtheit von Comics	**Warum werden Comics so gern gelesen?**	
	• weniger anstrengend zu lesen als andere Bücher	M 5 b
	• Anregung der Fantasie	M 5 b
	• Aufmerksamkeit des Lesers wird auf Bild und Text gelenkt	M 2
	• Beanspruchung von zusätzlichen Gehirnbereichen beim Lesen von Comics	M 5 a
	eigene Überlegungen:	
	• Lesen von Comics macht Spaß	
	• Leicht verständliche Darstellung schwieriger Themen möglich	

Lösungsbeispiel

Comics: Zwischen Schundliteratur und Kunst

Ein Comic ist eine gezeichnete Bildergeschichte mit Text, in der die Aussagen und Gedanken der Figuren in Sprechblasen stehen. Begleittexte neben oder unter den Bildern geben zudem oft kurze Hintergrundinformationen zum Geschehen in den Bildern. Der Begriff „Comic" lässt sich vom Adjektiv „komisch" ableiten, was dadurch zu erklären ist, dass Comics die Menschen früher zum Lachen bringen sollten.

Comics weisen einige ganz typische Besonderheiten auf. Im Gegensatz zu Romanen oder Kurzgeschichten stehen bei Comics die Bilder im Vordergrund. Die Comiczeichner stellen in ihnen Gefühle wie Angst, Wut oder Freude dar. So etwa, wenn die berühmte Comicfigur Donald Duck die Augenbrauen hochzieht, wenn ihr mal wieder etwas Geniales eingefallen ist. Um den Bildern zusätzlich Dynamik zu verleihen, versehen Comiczeichner ihre Werke häufig mit Bewegungsstrichen. Wörter werden dagegen eher sparsam eingesetzt, sind aber trotzdem wichtig. Entweder sind sie als wörtliche Rede in den Sprechblasen zu finden oder als kurzer Text neben oder unter den Bildern. Grundsätzlich werden in Comics meist sehr kurzer Sätze und eine einfachen Sprache verwendet. Ein besonderes Merkmal der Comicsprache sind Verben, die bis auf den Wortstamm verkürzt sind. So entstehen für Comics typische Ausdrücke, wie „schluck", „stöhn", „grübel" oder „zitter". Die Comicübersetzerin Erika Fuchs setzt diese „besonderen" Verben zum Beispiel ein, um Gefühle und Geräusche auszudrücken, die sich nur schwer zeichnen lassen. Bei Comics handelt es sich also um eine Mischung aus Wort und Bild, bei der der Schwerpunkt auf dem Bild liegt. Zur Darstellung von Tönen und Geräuschen verwenden Comiczeichner die sogenannte Lautmalerei. Dabei setzen sie Buchstaben so zusammen, dass sie den Leser an einen bekannten Laut erinnern. Für eine Explosion verwenden sie zum Beispiel die Buchstabenkombination „BOOOOOM" oder für das Zischen beim

Überschrift

Einleitung
Definition von Comics

Ursprung des Begriffs
„Comic"

Hauptteil
Merkmale und
sprachliche Besonder-
heiten von Comics

Öffnen einer Limonadenflasche die Buchstabenfolge „ZIIISCCCHHH". Die Großbuchstaben sollen das Geräusch in der Vorstellung der Leser noch verstärken.

Comics waren auch früher schon sehr beliebt. In den USA lasen im Jahr 1949 z. B. 91 Prozent aller Jugendlichen im Alter von 6 bis 17 Jahren Comics. Es existierten zu dieser Zeit 216 verschiedene Comic-Magazine und in fast jeder Tageszeitung war eine Comic-Beilage. Doch es gab damals auch Gegner, die die Hefte als Schundliteratur bezeichneten. Sie befürchteten, dass das Lesen von Comics einen negativen Einfluss auf die Jugendlichen haben könnte, und so wurden im Jahr 1949 Comics in den USA sogar verboten. So extrem ist die Kritik an Comics heute nicht mehr. Sie gelten inzwischen als literarische Kunstform und werden weitgehend von der Gesellschaft akzeptiert. Auch die Film- und Fernsehindustrie hat großes Interesse an Comics. Für die Genehmigung, Comics verfilmen zu dürfen, zahlen Filmemacher oft viel Geld. Dennoch gibt es auch heute noch einige Eltern, die glauben, dass die Beschäftigung mit Comics mit Lesen nichts zu tun habe und den Kindern schade.

In weiten Teilen der Bevölkerung erfreuen sich Comics jedoch aus den verschiedensten Gründen großer Beliebtheit. Für manche Leser sind die gezeichneten Bildergeschichten mit der einfachen Sprache sicher weniger anstrengend zu lesen als etwa ein Roman. Doch trotz der vereinfachten Darstellung erzählen Comics spannende Geschichten, die die Fantasie der Leser anregen und dadurch die Lust am Lesen fördern. Comics sind auch deshalb so beliebt, weil sie die Aufmerksamkeit des Lesers vom Bild zum Text lenken und wieder zurück. Die anschaulichen Bilder reißen den Leser nicht nur mit, sondern tragen in Kombination mit dem Text auch dazu bei, dass die dargestellten Situationen schneller verstanden werden. In modernen Comics wird das zum Beispiel genutzt, um auch schwierige geschichtliche oder politische Themen anschaulich und leicht verständlich darzustellen.

Bewertung von Comics früher und heute

Schlussfolgerung
Gründe für die Beliebtheit von Comics

Einige Eltern unterschätzten Comics aber immer noch. Sie halten die Hefte mit Superman, Asterix, Tim und Struppi und Co. für überflüssig und bezeichnen sie als minderwertige Literatur. Dabei ist inzwischen erwiesen, dass beim Lesen von Comics sogar Gehirnbereiche beansprucht werden, die beim Lesen anderer Bücher keine Rolle spielen.

(643 Wörter)

Verwendete Materialien: M 1, M 2, M 3, M 4, M 5

Punkteverteilung

Zentrale Prüfung 2017						
1. Prüfungsteil				**2. Prüfungsteil**		
Aufgabe 1	1	Aufgabe 7	1	Inhaltliche Leistung		Darstellungsleistung
Aufgabe 2	1	Aufgabe 8	1	**Wahlthema 1**	**Wahlthema 2**	**Wahlthema 1 und 2**
Aufgabe 3	1	Aufgabe 9	1	Aufgabe 1	4	Aufgabe 1	1	
Aufgabe 4	1	Aufgabe 10	1	Aufgabe 2	5	Aufgabe 2	6	
Aufgabe 5	1	Aufgabe 11	1	Aufgabe 3	5	Aufgabe 3	8	
Aufgabe 6	1	Aufgabe 12	2	Aufgabe 4	4	Aufgabe 4	8	
				Aufgabe 5	5	Aufgabe 5	8	
				Aufgabe 6	9	Aufgabe 6	1	
				32 Punkte		**8 Punkte**
13 Punkte				**40 Punkte**		
53 Punkte						

Notenverteilung

Note	Punkte
sehr gut	53–46
gut	45–39
befriedigend	38–31
ausreichend	30–24
mangelhaft	23–10
ungenügend	9–0